見沼の龍神と女神

宇田　哲雄 著

さきたま出版会

亡き父・正一の御霊に捧ぐ

見沼の龍神と女神◇目　次

はじめに

埼玉県東部に広がっている見沼田圃は、もとは沖積低地が沼沢化した広大な自然の沼で、古来より「御沼」・「神沼」・「三沼」・「箕沼」とも書かれており、緑区宮本に鎮座する氷川女體神社の御手洗瀬として神聖視されてきた。そして、江戸時代の二度にわたる大規模な新田開発事業によって新田となった（図1）。つまり、寛永六年（一六二九）に幕府代官伊奈半十郎忠治によって約一二平方キロメートルの溜池（見沼溜井）が造成されて、八丁堤より下流の新田が灌漑《かんがい》・干拓され、また享保十三年（一七二八）には、井沢弥惣兵衛為永によって、利根川から延長八〇キロメートルにも及ぶ見沼代用水を引くことにより干拓されたのである。

近年この見沼田圃は、竜神まつり、ふるさと散策、写真コンクールなど、市民の地域活動や生涯学習、文化活動や憩いの場として、市民生活にとって貴重な文化遺産としての役割を果たしている。また見沼は、郷土の歴史、文化、自然、景観など学術的な研究の場にもなっており、現代において様々な面において大きな魅力を有し、多くの市民に共有されている。

一方、令和元年（二〇一九）九月四日、見沼代用水は、国際かんがい排水施設委員会（ＩＣ

図 1. 見沼田圃（旧見沼溜井）位置図（『見沼代用水沿革史』より）

ＩＤ）によって、「世界かんがい施設遺産」に認定・登録された（写真１）。それは、見沼代用水土地改良区が管轄する県内十七の市町（行田・羽生・加須・鴻巣・久喜・桶川・上尾・蓮田・白岡・春日部・宮代・伊奈・さいたま・川口・越谷・草加・戸田）の見沼代用水本線と支線で、その登録証明書には、「当地域において広範な水田開発をもたらした当時の日本の卓越した最新技術の顕著な事例として」登録すると記されている。郷土の文化遺産が、その重要性を改めて世界的に評価され、発信される意義は極めて大きい。見沼の魅力は実に多彩なのである。

そこで本書では、民俗学および地域史を

写真１．見沼代用水東縁（緑区南部領辻付近）

研究してきた者として、この文化遺産である見沼の魅力を今後改めて多くの市民に伝えていくことを念願し、まずできるだけ従来の見沼研究を概観する。そのうえで、これまで旧浦和市や旧大宮市を中心として報告されることが多かった状況に対して、川口市における事例を加えて紹介し、また、これまで注目されてきた氷川信仰や龍神伝説（本書では、固有名詞以外は統一して「龍」を用いる）に加えて、弁財天をはじめとした女神信仰、見沼周辺の地域性などの視点を取り入れ、これからの研究課題を示すことにより、見沼伝承のより多彩な特色や魅力を紹介することに努めた。そしてその構成としては、序章において見沼研究の新たな視点を論じたうえで、第1章では新田開発という歴史的事象を龍神伝説から研究しようと試み、第2章では氷川信仰などにおける女神への信仰、第3章では「見沼の七弁天」に代表される弁財天信仰を研究・紹介し、第4章では今まで取り上げられてこなかった見沼周辺の地方巡礼と浅間信仰を紹介する。

本書が将来、見沼文化のますますの理解・継承の一助となれば幸いである。

序章——見沼の歴史と伝説の謎

第1節　見沼の伝説の相貌と特徴

1　はじめに

さいたま市から南は川口市にかけて広がっている見沼田圃は、伝説の宝庫であり、とくにかつて溜池であった見沼の主である龍神や弁財天に関わる伝説は、市史をはじめ各所で紹介されている。わかりやすい読み物としても、『見沼と竜神ものがたり』や『大江戸の繁栄を支えた見沼代用水生みの親・井沢弥惣兵衛』などによって、挿絵入りで紹介されているところである。

とくに見沼全域を対象としたものとしては、青木義脩が「見沼と伝説―竜を中心に―」でさいたま市域における見沼の龍伝説を紹介しており、『見沼と竜神ものがたり』は「さいたま市の竜伝説」という観点から見沼以外の話をも含め十七例の龍伝説を紹介している。しかし、見沼が三つの旧市域をまたがっていたこと、またそれぞれの市史が報告してきたこともあり、これまでは、見沼の伝説の全容について把握し、その特色を考えようとする試みはなかったと言ってよい。

そこで本稿では、さいたま竜神まつり会の「さいたま市竜伝説マップ」の見沼の伝説十四例に、

『大宮市史』・『浦和市史』・『川口市史』に報告された伝説等を加え、一覧表（表1）に整理した。そして見沼に伝わる伝説の全容把握に努め、その特徴を分析することを目的とする。

2　龍神伝説

伝説は、伝承地によって多少の違いも認められ、また今後も追加される可能性もあるが、現時点において見沼に関わる伝説は、二十五例を収集することができた。このうち実に八割を超える二十一例までもが、「**見沼のゴイ**」とも呼ばれた見沼の主や龍神、龍にまつわる伝説である。見沼の伝説の第一の特徴は、何と言っても「**龍神伝説**」であろう。以下に見沼の龍神伝説について整理する。

（1）自然に関する龍伝説

まずは自然に関わる龍伝説である。「**見沼の蛇枕**」は、ある春のぽかぽかと温かい日、里人の一人が見沼の岸に横たわっている大木に腰かけて釣糸を垂れていると、その大木がムクムクと動き出したので、見ると見沼の主の大蛇であった。男はびっくり驚天し気絶したまま死んでしまった。里人がその死体を見つけた時、まわりにはいっぱい蛇枕の花が咲いていたといわれ

表１　見沼の伝説一覧

No.	伝説の名称	伝承地
1	見沼の笛	見沼全域、見沼区大和田・鷲神社、岩槻区、緑区
2	釘付けの龍	緑区大門・愛宕社
3	開かずの門・釘付けの龍	緑区大崎・國昌寺
4	井沢弥惣兵衛と龍	大宮区天沼・大日堂
5	蛍の御殿	見沼地区、見沼区大和田
6	おしゃもじ様	大宮区天沼・天沼神社
7	開かずの門・龍神の決意	見沼区片柳・万年寺
8	お宮弁天	見沼区新右衛門新田・宗像神社
9	美女と馬子	緑区下山口新田・厳島神社、川口市東内野
10	四本竹と御船祭	緑区下山口新田、宮本・氷川女體神社
11	龍神燈	見沼区片柳・万年寺
12	龍燈	緑区宮本・氷川女體神社、緑区下山口新田
13	見沼では蓮を作らない	見沼全域、緑区、川口市
14	御沼の手毬	緑区大牧
15	見沼のゴイ	見沼地区
16	見沼のいもり	見沼区、緑区
17	男女のえし	見沼地域
18	御蔵のいかり草	見沼区片柳
19	雨降り朝顔	見沼地域
20	見沼の蛇枕	見沼地域
21	片目の鯉	緑区宮本・氷川女體神社
22	染谷の由来	見沼区片柳
23	関東代官伊奈氏と龍神	緑区宮本・氷川女體神社、川口市赤山
24	見沼の七弁天	見沼地域
25	鴻沼の龍神	桜区土合

〈表１の出典〉
さいたま竜神まつり会『見沼と竜神ものがたり』さきたま出版会、2008年、30～31頁
大宮市『大宮市史・第５巻（民俗・文化財編）』1969年、532～543頁
浦和市『浦和市史・民俗編』1980年、798～819頁
川口市『川口市史・民俗編』1980年、930～931頁
さいたま市「見沼の七弁天」説明板

ている。この蛇枕という雑草は、黄色い花を咲かせ、いちごに似た真赤な実をつける草だが、大蛇が好んで枕にして寝るので「蛇枕」の名がついているといい、大蛇のいびきの毒気を吸って育つので、その実に毒をふくんでおり、食べると毒にあたって死ぬといわれている。

「見沼のいもり」は、見沼は遠い昔は「いもり沼」と呼ばれるほどいもりが沢山棲んでいたといい、昔このほとりに、父も母もなく、見沼から生れ出たような美しい娘がいた。ところが見沼を挟んで対立する豪族の息子同士が、この娘に恋して争った。しかし、この恋に敗れた若者は、悔しさのあまり夜陰ひそかに娘を盗み出し、大きな箱につめて見沼に投げ込んでしまった。翌日その箱を沼から引き上げて蓋を開けてみると、娘の死骸はなく、沢山のいもりがぞろぞろと出てきたので、若者は驚いて気絶してしまった。この話を聞いた里人は、娘はやはり見沼の主の龍神の子であったろうと噂し合ったという。

これらは、見沼における自然の植物や動物の不思議さを、見沼の主である龍神や大蛇によって説明したものであり、見沼の龍神が先人たちの世界観の大きな部分を占めていることから伝承されていると言ってよいであろう。

（2）釘付け龍の伝説

次に見沼には、緑区大崎の「**國昌寺山門の龍**」と現在大門神社境内にある「**愛宕社の釘付けの龍**」に、左甚五郎作といわれる龍の彫刻に関する伝説が二か所で伝えられている。詳細については第1章第1節を参照していただきたいが、いずれも見沼の龍が暴れるので、日光御成道を通った左甚五郎が龍の彫刻を門の欄間や向拝におさめ、龍を封じたものと伝える。

（3）見沼開発と龍神

大宮区天沼の大日堂、見沼区片柳の万年寺、緑区宮本氷川女體神社を舞台にして、見沼の開発工事においての、事業を実施した「**井沢弥惣兵衛為永や関東代官伊奈氏と龍神の交渉伝説**」が伝えられている。詳細は第1章第3節を参照していただきたいが、干拓工事は極めて困難なものであり、龍神の抵抗（井沢弥惣兵衛の病）、龍神の決意、龍神の祟り、龍神への供養などに関わる物語である。

（4）神社草創と龍神

見沼には、龍神に関わる伝説を縁起としている神社がある。見沼区大和田の鷲神社には「**鷲**

神社と龍神の笛」が伝えられている。今から七百余年前の第七十七代後白河天皇の御宇、仲秋の夜毎に当社付近に非常なる美女があらわれて玉をころがす美音の笛を吹いたことから、付近の人々がその美しい笛を聞こうと船で見沼を渡ったが、不思議と必ずその内の若者一人が行方不明となった。それが武蔵国府に知れて、足立左馬之介という弓の名人が命を受け、笛の音に近づき弓を放てば手ごたえがあるも、にわかに黒雲がおこり豪雨となった。あくる朝左馬之介がこの地に来ると、一管の笛だけが波間を漂い、それ以来美女があらわれることはなかった。この笛は、鷲神社の宝物として永く伝えられたという。

弁天社の草創に関わる龍神伝説も伝えられている。「見沼の七弁天」の一つとされる見沼区新石衛門新田の宗像神社には「**お宮弁天**」なる話が伝えられており、緑区下山口新田の厳島神社（山口弁天）の縁起伝説として「**弁財天と馬子**」が伝えられている。詳しくは第3章第3節を参照していただきたい。

その他にも見沼の龍神に関わる伝説は、「**蛍の御殿**」、「**御沼の手毬**」、「**天沼のおしゃもじ様**」などがある。

3　見沼の伝説の地域性

第3節にて紹介しているが、「**見沼では蓮を作らない**」という伝説が伝えられており、その作らない理由が場所によって様々にいわれている。例えば、緑区宮本では氷川女體神社の祭神である奇稲田姫命が蓮の茎で目を突いたためといい、緑区大間木や八丁では昔見沼の主である龍神が蓮を刈り取った切り口で目を突き片目が不自由になったためで、もし作ると龍神の祟りがあるという。

また見沼干拓後の主の行方についてもしかりであり、緑区宮本では氷川女體神社の池に移り棲んだというが、見沼東岸の緑区野田・大門から川口市木曽呂にかけては千葉の印旛沼へ引っ越したといい、西岸では中山道を通って信州の諏訪湖に引っ越したといわれる。つまり見沼の伝説は、ある種の地域性とともに伝承されてきたのである。

4　見沼の伝説と美女

一方、見沼の主や龍神が登場しない伝説も伝えられている。見沼に咲くという「**雨降り朝顔**」は、見沼の漁師伝助の美しい娘お里が、岩槻の殿様に見染められ、側女となり懐妊したが、嫉妬深い奥方にいじめられ、見沼に身を投げて死んでしまった。お城の家来たちが、野朝顔のいっぱい咲いた岸に打ち上げられ、ぱらぱらと雨に降られているお里を見つけ出した。家来たちは、その雨をお里の涙雨だといい、それからというものは、この朝顔が咲く時は雨が降ると伝えられ、「雨降り朝顔」と名付けられたという。

「**男女《みな》のえし**」は、秋の七草の一つの黄色い花の咲く可憐なオミナエシという草花に対して、同じ草で白い花が咲くのをオトコエシと呼ぶが、見沼周辺には白黄二色の花を同時に付けるものがあり、里人はこれをミナノエシと呼んでいる。見沼の近くに住む豪族に一人の娘がおり、ある若者と恋に落ちたが、何かの行き違いから仲違いとなり、失恋した娘は仏門に入る決心をした。娘の小間使いに忠義心に厚い娘がおり、何とか二人の間を取り持とうと神仏に頼んだが、不思議な縁でかえって若者と小間使いが愛し合ってしまい、小間使いは可愛い女の子を産んだ。しかし、主人に申し訳ないと小間使いは姿を隠し、やがて若者の心は豪族の娘に戻り、二人はめでたく結ばれた。姿を隠した小間使いが、ある月の美しい晩、可愛らしい女の子とともに「月の世界に帰る」と言って旅立ったのを見た里人がおり、この小間使いは二人の恋を成就させるためにこの世にあらわれた出雲の神の使いであろうと評判した。小間使いの愛したオミナエシは、それから白黄二色の花を同時に咲かせるようになり、里人たちは、主人である娘と若者を一緒にして花を咲かせようと祈った小間使いの優しい心が凝って白黄二色の花を一つの草に付けたのであろうと話し合い、この花をミナノエシと呼ぶようになったという。

また「**御蔵のいかり草**」は、昔、出雲の国から武蔵の国を開くためにやってきた美しい若者とこの地の豪族の一人娘の恋が実らず、娘は、若者の襟に可憐な花をさして黄泉の国で夫婦になろうと固い約束をした後、重い病にかかり若者の名を呼びながら亡くなった。娘の墓には、毎年春になると若者の胸にさした紫色の可憐な花が咲くので、村人たちは、娘の霊がこの花になったのだろうと言い合った。それがいかり草であるという。また「**染谷**」という地名の由来も、見沼の漁師善右衛門と人魚との間に生まれた美しい娘を男たち皆が見染めたので、「見染め ケ谷」がそのおこりだという。

このように見ると見沼には、龍神が登場しない草花や地名に関して伝える伝説について、また龍神に関わる伝説についてもそうであるが、美しい女性や恋物語を伝える伝説が多い。それは何故であろうか。

5　結語

見沼に伝わる伝説の大きな特徴は、一つには龍神の伝説、とくに新田開発にかかる見沼の主である龍神についての伝説は特徴的である。また他にも、見沼の自然の不思議を見沼の主によって説明しようとする言い伝えもある。

しかし見沼の伝説における特徴はそれだけではなく、見沼における自然の不思議などに、美しい女性の恋物語を伝えるものが多い。また、見沼の伝説は一様ではなく、ある現象や事由が地域的な特色とともに伝承されてきたこともその特徴と言えるのではないか。

第2節　見沼溜井の時代—関東代官伊奈氏による見沼開発—

1　伊奈氏の見沼開発

見沼の新田開発は、小学校の教科書『わたしたちの郷土　さいたま』にも紹介されている有名な歴史的事実である。しかしその内容は、寛永六年（一六二九）の見沼溜井造成に触れてはいるが、享保十三年（一七二八）の井沢弥惣兵衛為永による見沼代用水掘削とその後の通船堀設置に主眼がおかれている。見沼溜井の造成については、これが関東代官伊奈忠治による業績であることも紹介されておらず、むしろ見沼代用水工事の切掛けとして溜井周辺の水害と下流域の水不足という悪い点のみが強調されており、児童や市民に対して地域史実への誤解を招きかねないことが心配される。一方、地域史研究者の青木義脩は、この見沼開発を客観的に紹介しているが、井沢弥惣兵衛為永の業績を調査し評価している。

これらの経緯は、一つには伊奈氏に関する文献資料の乏しさが起因していると思われる。そこで本稿では、伊奈忠治による見沼溜井造成とその地域史における意義について改めて評価をしていくことを問題提起する。

2　新田開発への三段階

見沼の新田開発が紹介される理由は、この事業が埼玉県の地域史においてまた現代生活にとっても重要な歴史的事実であるとともに、江戸時代に各所で行われた用水掘削による池沼や低湿地の新田開発事業における最も大規模な代表的事例なのであろう。これらを促した当時の社会背景は、天正十八年（一五九〇）徳川家康の江戸入城以来の開墾奨励策であった。

『見沼代用水沿革史』によれば、近世の当地域の新田開発を可能にした根本的条件として、治水技術及び治水事業の発展における三つの段階を経ているという。第一段階は、江戸初期の伊奈氏による利根川東遷や荒川西遷に代表される河川改修であり、第二段階は、八丁堤の築造による見沼溜井造成に代表される人工堤防築造と溜井の造成（写真2）、そして第三段階が用水路掘削と溜井の干拓である。

一段階と二段階は、関東流土木技術によって伊奈氏が行ったも

写真2. 八丁堤（撮影・青木義脩氏）

ので、三段階は、ここにも引き続き伊奈氏の関わりが想定されるのではあるが、井沢弥惣兵衛為永による紀州流土木技術が起用された。水利形態から言えば、溜池方式から用水悪水分離方式への変遷である。それ以前は、とくに大宮台地周辺では、天水と侵食谷の湧水による灌漑も重要なのであった。

ここでは、関東流と紀州流の内容については言及しないが、大きく見て二つの点を指摘することができる。一点目は、伊奈氏の治水事業の目的が、幕府の経済基盤の確立とともに、河川下流域にあたる江戸という都市を水害から守ることにあった。それは、堤防を高く築かず大洪水を自然に溢水させることで、下流の水位上昇を防ぐものである。また沼沢池もできるだけ遊水地として残しており、同様なことは現代でも行われている。つまり、江戸中期における中流域の水害と下流域の水不足解消という目的とは、若干要請する時代が異なると考えられる。

二点目は、広範囲にわたる低湿地の開拓は、用水による干拓を計画するにも、まず悪水の排水や河川改修により全体的に水量を低下させ安定させる必要があったのではないか。つまり、利根川東遷と荒川西遷をはじめとした河川改修と溜池造成による新田化の過程があったからこそ、用水による干拓が成功したのではないかと考えるのである。

3　見沼溜井からの用水路

『見沼代用水沿革史』では、寛永の見沼溜井の造成は、谷古田・平柳・舎人・淵江・浦和・戸田・笹目・安行の旧八カ領二百二十カ村、七万四千石の水田を灌漑したと説明している。造成後も各所で新田開発が続けられたが、見沼溜井からは実に多くの用水路が掘削されており、享保の見沼代用水は、「見沼に代わる用水」という命名に示されているように、これら溜井時代の用水路に連結させ、その灌漑システムを利用しているのである。

まず東縁用水は、八丁堤木曽呂橋付近で東四カ領用水路に接続させ、西縁用水も、附島付近で西四カ領を灌漑する用水路（これを「見沼用水」とも言った）に接続させている。そして、東縁用水は平柳用水・龍井堀・河内堀・地元引入用水・西新井堀・元木堀・千住堀・竹塚堀・保木間堀など、西縁用水は戸田用水・蕨用水路・新曽用水・辻用水などの、溜井時代からの用水路に接続し分水しているのである。後に水不足の問題が深刻化するが、こうした見沼溜井を水源とする用水路の多いことからは、江戸初期すでに用水路による灌漑が盛んに行われていたことが明らかであり、また江戸周辺の新田開発が優先された可能性を考えさせられる。

次に、これまであまり指摘されてはいないが、見沼溜井から分水した用水路は、八丁堤より下流だけではない。天久保用水は、伊奈氏によって造られたと伝えられる用水路で、溜井時代は膝子にて取水し、代用水掘削時に南部領辻の取水に変更され、寺山付近で二つに分水し、緑区の寺山・高畑・玄番新田・下野田・大門・北原と川口市平沼等を灌漑し伝右川に排水する八合沼と、岩槻区笹久保新田・笹久保・横根等を灌漑し綾瀬川に落ちる二合圦に分かれる。

また、差間の通称「てんぐの鼻」で取水し、大宮台地鳩ヶ谷支台の尾根を掘り下げて横断し、台地東側の戸塚・安行・新郷新田・神根・草加を灌漑している赤堀用水も、見沼溜井から分水した用水路である（図1）。これは、伊奈氏によるものかは定かではないが、南流して安行を灌漑し、西立野の房毛堰で台地東側の「根井」をまわし佐藤堀・川戸堀につながる根井堀用水を分水している。

天久保用水と赤堀用水の設置からは、大宮台地大宮浦和支台と鳩ヶ谷支台に挟まれた低地を新田化した享保の開発に対して、日光御成道が通る鳩ヶ谷支台の尾根を掘削し横断し、台地東側に用水をはわせ、綾瀬川までの中川低地をも灌漑した、伊奈氏の開発計画の大きさに改めて注目することができるのである。

4　見沼舟運の重要性

最後に、見沼溜井は、灌漑用水を確保するため以外に、前代から引き続いて舟運路として重要な機能を果たしていた。つまり見沼では、古くから人や物資を船で運搬していたのである。

次は、干拓以前まで行われていた六月十五日の龍神祭の起源に関する『岩槻巷談』の記事で、

「正徳四年（一七一四）甲午の七月十日慈恩寺にて観音の開帳あり、其時に参詣の男女足立郡木崎村より船を出して湖水を渡しけるに俄に悪風起りて棹櫓の力に及ばず大浪打来りて船を覆す、船中の乗合三十余人見沼の水屑となると云ふ。」

と、見沼における船の遭難記事が記されている。このような現在のさいたま市浦和区上木崎・下木崎などから岩槻への船による渡しは、度々行われていたことが推察される。

また『大門村誌』によれば、川口市差間に鎮座する浅間神社（現・東沼神社）の祭礼について、

「古老ノ説ニヨレバ見沼未開墾時代ハ毎年七月一日ノ祭ニハ魚類雑貨物ノ市盛ニシテ近郷ヨリ舟ニテ群集セリト云フ。」

と、祭礼日に開かれていた市に近郷から民衆が船で集まったことが記されている。

また氷川女體神社の御船祭にかかる神主たちの禊ぎについて由緒書には、

「神主以下朔日より豫め別に潔斎し此間数度の神事あり、五日には「垢離取」と称して神主以下凡そ神事に與かる者は悉く船にて川口町に至りて荒川の水に浴し身禊の神事を行ひて帰り、（後略）」

とあり、御船祭にかかる神主の禊ぎは、船で見沼を渡って芝川に入り、現在の川口市の荒川の瀬で身禊の神事を行っていたのである。

松浦茂樹は、その著書『荒川流域の開発と神社in埼玉』の中で、見沼溜井造成より以前の見沼の頃から、他の池沼や荒川・毛長堀川・綾瀬川などとつながっている芝川の舟運路としての重要性を指摘しており、芝川舟運の河岸（港）を背景に発展したのが氷川女體神社ではないかと言っている。

このように見てくると、古い時代から見沼と芝川の舟運は予想以上に重要で盛んに行われていたのではないかと思われる。

そのような歴史があったからこそ、井沢弥惣兵衛為永による我が国を代表する閘門式運河、見沼通船堀の開削につながったと考えることができるのではないか。

5　結語

以上のように伊奈氏による当時の見沼開発の重要性を指摘し、併せて古くからの見沼と芝川の舟運路としての重要性を継承したと考えられることを指摘した。

千二百町歩の溜池を開発し、通船堀を開削し、見沼開発の総仕上げを行ったのは井沢弥惣兵衛為永であり、その歴史的業績の重要性について異論はない。しかし、とかく水害と水不足が指摘されてきた伊奈氏の開発についても、この大事業成功のための基盤と、現代生活への基盤を構築したことは間違いないのである。また、伊奈忠治が築造した八丁堤は、赤山陣屋と治水・利水事業の拠点となった家臣の陣屋敷を結んだ「赤山街道」としても整備され、利用された。このようにして新田開発がなされた新村は、その多くが元禄年間までに誕生しているのである。その伊奈氏の業績を調査研究し改めて評価していく必要があるのではないか。

第3節　見沼に蓮を作らない伝説

1　見沼に蓮を作らないという伝説

埼玉県の大宮台地と安行台地にはさまれた見沼田圃では、武州の特産である蓮を栽培することをしない、あるいは禁忌とするいわれが語り継がれてきた。問題は、何故見沼では蓮を作ってはならないのかということであろうが、一方でこのことは、地域の人たちにとっても、長年の疑問であったらしく、いくつかの現代的な解釈も存在する。そのような解釈は何を意味するのであろうか。本稿では、それらを紹介しながら、若干の問題点を指摘する。

まず、『浦和市史・民俗編』で報告された伝説は次のとおりである。

事例1　見沼では蓮を作ってはいけない。そのわけは、氷川女體神社の祭神である奇稲田姫命が、蓮の茎で目を突いたためという。（さいたま市緑区宮本）

事例2　見沼田圃では蓮を作らない。そのわけは、昔、見沼の主が蓮を刈り取った切り口で目を突いたため、片目になってしまったからという。もし作ると龍神の祟りがあるという。
（さいたま市緑区大間木）

事例3　見沼では蓮を作らない。見沼には龍が棲んでおり、中を歩くと蓮の殻で傷がつくからである。この龍は、「見沼のゴイ」といい、見沼干拓後は千葉の印旛沼に越したという。
（さいたま市緑区野田・大門）

事例4　昔、見沼にはいっぱい蓮があったが、あるとき太田道灌が逃げ込むと、蓮の葉の上に落ちる雨の音が弾丸の音に聞こえ、こわくなった。それ以後、見沼で蓮を作ることがなくなったという。
（さいたま市緑区南部領辻）

以上であるが、蓮を作らない理由が地区によって様々なのである。まず事例1では、氷川女體神社鎮座地の伝説であるためか、理由を当神社の祭神の事故に求めている。事例2・3は、ともに見沼の主に求めているが、少し違いが見られる。事例4は、理由を太田道灌に求めているが、これは、この地区に太田道灌が合戦したと伝えられる場所があることに関係しているのかもしれない。

このように地域によって作らない理由が様々であるのは、まず何らかの理由で見沼では蓮を作れないという現象があり、その現実を説明するために、それぞれの地域に合致した話が付け加えられたためと考えられる。しかし、良く似た例として「作物禁忌」などと呼ばれる禁忌習俗があるが、これがイエ・一族・ムラといった社会に限定されて伝承されているのに対し、見沼の禁忌は、土地に根ざしている点に特色が見られる。（傍線筆者）

次に、筆者が採集した資料を紹介する。

事例5　見沼田圃では蓮・クワイを作ってはいけない。鎮守様の見える所で作ると目を患う。

（さいたま市緑区北原）

事例6　見沼田圃で蓮を作ると「バカ」ができるといい、当地で作った人はいない。

（さいたま市緑区間宮）

事例7　見沼では蓮を作らない。素戔嗚命が蓮田に入って戦争に負けたから。

（川口市差間）

事例8　見沼田圃では蓮・クワイを作ることはしない。見沼の主が嫌うから。作れば良いものができるが、作った家では災難があった。（川口市差間）

事例9　見沼田圃では蓮・クワイを作ってはいけない。見沼では昔大蛇が棲んでおり、開拓した時、蓮の葉に隠れていたのを見つけられて、千葉の印旛沼に送られたから。（川口市行衛）

事例10　見沼にクワイを作ると「チュウキ」になる。（川口市東内野）

以上のように、一部クワイを作らない話も入っているが、それぞれ鎮守、素戔嗚命、見沼の主に結び付けて説明している。事例6は、「バカ」が人を指しているとすれば、栽培技術や流通面など、蓮を商品作物として栽培することの大変さを教えているように思われる。事例10も、より厳しい禁忌になっていると思われる点で、事例6と同様なことを言っているのかもしれない。とすれば、見沼が蓮栽培にはむかないことを示していると考えられるが、事例8では、本当は見沼が蓮栽培にむいていることになっている。

いずれにしても、これらの伝説・禁忌の本意は、第一に見沼では蓮を作ってはならないということであり、伝説は、このことを正当化しているものと考える方が妥当であろう。またこれらの伝説は、どのようにして成立したかは判然としないが、その地域に最も合致した、ムラ人が納得のいく説明なのであろうと思われる。そしてその地域的な差異は、ムラの歴史や地理、ムラ人の気質など様々なものによって構成されているところの、ムラの伝説を伝承・創造していく環境のようなものが、少しずつ異なっていることを示しているのではないかと考えられる。

2 いくつかの現代的解釈から

次に、見沼に蓮を作らないことの現代的解釈とも言うべき例を報告する。

事例11 見沼田圃は、水持ちが悪いため、蓮・クワイを作ってもうまくいかない。

（さいたま市緑区南部領辻）

事例12 蓮は泥深く米があまりとれない所がむいている。見沼は、浅いから蓮栽培にはむかないが、米作にはむいている。

（さいたま市緑区間宮）

事例13　見沼は、土に鉄分が多く含まれているため、蓮・クワイを作っても、根のまわりにシブがつき、商品としては良いものはできない。（さいたま市緑区上野田・川口市差間）

これらの解釈は、先祖たちから伝承した習俗伝説に対して、本当は何故見沼で蓮を作ってはならないのかということを、現代の科学に近い姿勢をもって納得しようとしたものであり、とくに事例13は、実際に経験した人の話なので、ある意味で説得力のあるものとなっている。しかしこのような説明が、真実であるかということは疑問が残るところである。例えば事例12について言えば、見沼はもとは沼なので、場所によっては深い所もあると考えられるし、『大門村誌』を見ると、川口市差間の享保十六年（一七三一）の検地帳には、見沼新田内に「見附田」が六町余も見られる。さいたま市緑区北原の寛政元年（一七八九）の検地帳にも、見沼に四町余も見附田があると記され、必ずしも米作にむかない所があるとすれば、この説明の仕方は妥当なのであろうか。事例11にも不充分なところがあると思われる。

しかし、筆者は、これらの事例が真実であろうがなかろうが、その人たちにとっては現実なのであって、先祖から伝えられた見沼で蓮を作ってはいけないという習俗自体を否定しているものではないことに注目したい。「この伝説は本当なのであろうか。」という疑問をいだきながらも、体験や観察等を通して、結果的にはそれを守っているのである。このようなことは、他の俗信や禁忌習俗においても見られることから（注1）、現代的な現象かあるいは、現代のように人々の価値観や考え方が急激に変化した時など、時代によって現れる現象であるのかもしれない。つまり人々は、時代によっては、超世代的に伝えられてきた伝説や習俗に対して自分なりに説明・納得して、これらを伝承していくことがあった。そして、民俗の種類によっても異なってくるであろうが、このような伝承する者の姿勢が、民俗の変遷という現象にも関わっていないかについても考えていく必要があるのではないか。

3　結びにかえて

最後に、見沼で蓮を作らない本当の理由は不明だが、先祖たちの一つの教えであることは確かで、今後、地質学的なあるいは、栽培技術と経済史的な視点でも考えていく必要があるのではないか。しかし、禁忌を成立させた一つの要因として考えられることは、例えばさいたま市緑区高畑や玄蕃新田など、近くに蓮の特産地が存在していたことである。これらの地域は、大宮台地安行支台の東側に所在している。おそらくは見沼に土地を持つ人たちが、これらの特産地域を意識し、自分たちの地域と比較しているから、見沼では、蓮を作れないのではなくて作ってはいけないのだ、という伝説がつくられたのではないかと思われる。そしてその背景としては、幕末の商品経済浸透による経済変動が考えられるのである。

注

（1）例えば、夜爪を忌む習俗について、「夜爪を切ると、キツネが指の先から体の中に入る。」と伝えられていた話者が、実は「夜は、暗くて爪を切りすぎるからそう言うのだろう。」と解釈している例がある（筆者調査）。

第1章

見沼の龍神と新田開発

第1節　見沼と釘付け龍の伝説

1　國昌寺山門欄間の龍伝説

見沼とその周辺には、龍神や龍、大蛇など沼の主に関する多くの伝説が語り継がれてきた。

人々の見沼を崇敬し神聖視する心が、このような伝説が世代を超えて語り継がれる力となってきたことは言うまでもない。

さいたま市緑区大崎の見沼の東岸にある國昌寺（曹洞宗）の山門は、「開かずの門」と言われ、欄間にある龍の彫刻がかつて門を潜り抜けようとした葬列の棺の中身を食ってしまい、急に棺が軽くなったことが

写真3．國昌寺山門「開かずの門」（緑区大崎）

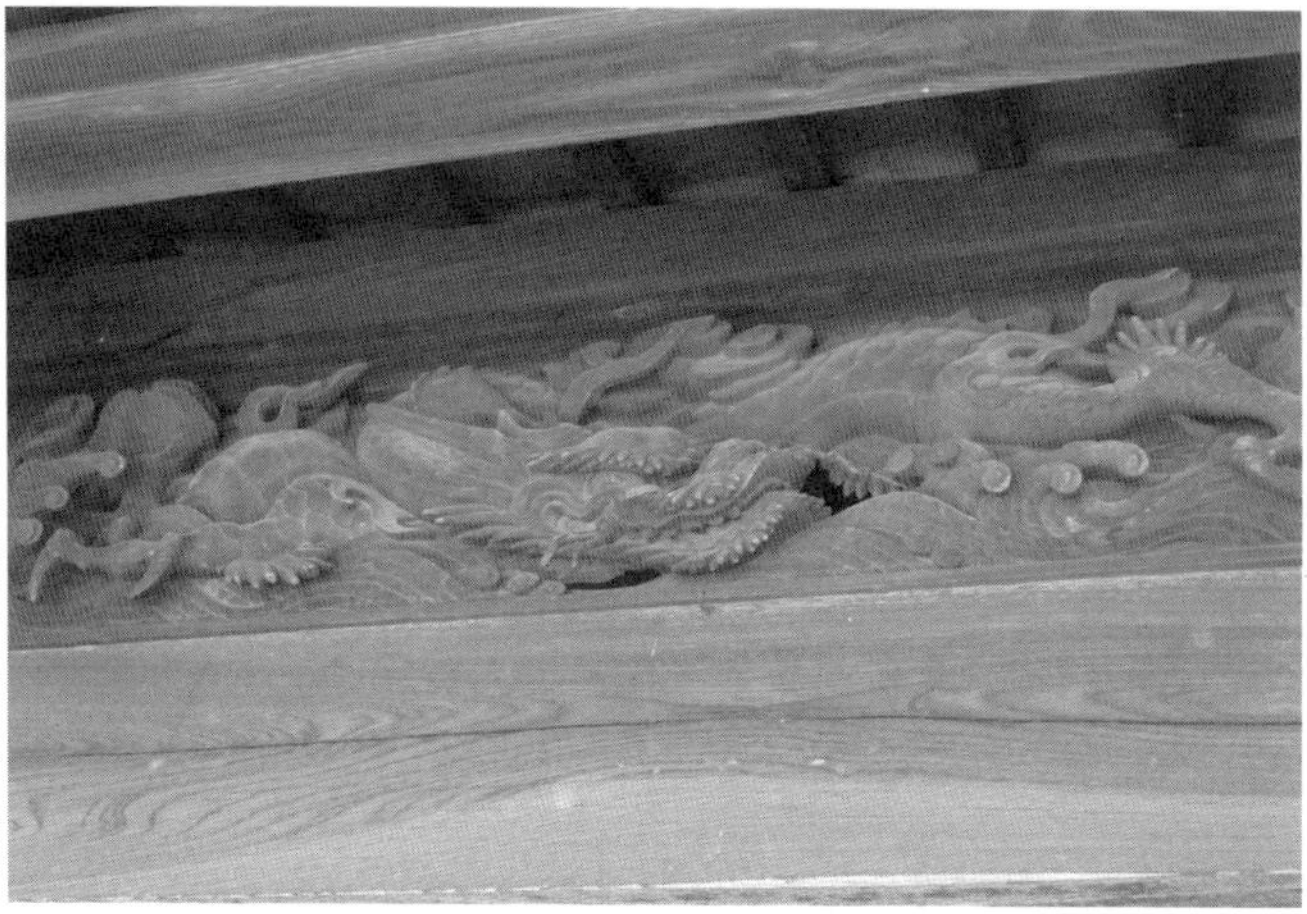

写真４．國昌寺山門欄間の龍彫刻（撮影・青木義脩氏）

あり、以後、正月や花祭りなどごく限られた時以外は、門を開けない（写真３）。

この開かずの門の龍は、左甚五郎の作と伝えられており、その昔、見沼に龍がいて、食糧に困るとのたうちまわり村人を困らせたので、村人は、日光帰りの左甚五郎に龍を彫ってもらい、これを國昌寺の門の欄間におさめたところ以後、そのようなことはなくなったという。

また別の伝説として、見沼が氾濫すると、この欄間の龍が門を抜け出ていき、湖面をのたうちまわったので、村人たちがその頭に釘を打ち込んだら以後、そのようなことはなくなったという（写真４）。

この伝説の背景には、見沼の龍に対する畏敬と、寺の東を日光御成道が通っていることから、日光東照宮の「眠り猫」の彫刻で知られる左甚五郎の情報があるのではないか。

2　大門神社愛宕社の釘付け龍伝説

一方、日光御成道大門宿、大字大門字東裏に所在する大門神社（旧十二所神社）境内にある愛宕社本殿の向拝にも、同様な龍の彫刻があり伝説が伝えられている。

昔、愛宕社の裏の崖下の池に、雌雄二匹の龍が棲んでおり、それが付近の田に現れるとその年は洪水になった。そこで村人は、龍が出ないよう、七月二十四日には池の周囲に赤飯や酒を供えたが効き目はなかった。日光に向かう途中の左甚五郎は、この話を聞き、龍を彫刻し、これを愛宕社本殿

写真５. 大門神社愛宕社向拝の龍彫刻（緑区大門）

の向拝におさめ、頭、胴、尾に五寸釘を打ち込み、龍を封じた。以後、龍が外へ出ることはなく、洪水はなくなったという。

また別の伝説として、愛宕社の龍は、左甚五郎の作で、夜な夜な大門をあらした。たまたま神社に行ったら龍がいなかった。そして、田の稲は押し倒されていた。そこで、この龍の彫刻の目に五寸釘を打ってあるのだという（写真5）。

この伝説は、左甚五郎作の龍の彫刻であること、龍が暴れるのを彫刻を収めて鎮め、龍の彫刻が暴れるのを五寸釘で打ち付けて止めていることなど、國昌寺の伝説と酷似している。

3　愛宕社の由来

大門神社愛宕社のこの伝説は、「愛宕社の裏の崖下の池」と言われているところを見ると、一見して大門神社の裏の崖下、つまり神社の東側の天久保用水から綾瀬川にかけての低地にあったとされる池の龍の話であると思われてしまう。

しかし、昭和初期頃にまとめられた『大門村誌』には、愛宕社の由緒が次のように記されている。

「明治六年四月（大門神社が）村社ニ列セラル。同時ニ字上原（浅間原トモイフ）ニ在リシ浅間社並ニ字西裏ニ在リシ愛宕社ヲ境内ニ移転鎮座セシメタリ。愛宕社ハ今ノ小学校地内（旧円福寺境内）ニ鎮座セシモノニテ、明治三十三年マデハ同社ノ跡ナリトテ小丘ノ存セルアリシガ、校地狭益ノタメ取崩シタリ。同社ニ彫刻セル雌雄ノ龍ハ左甚五郎ノ作ナリト伝フ。而シテ愛宕社ハ元禄年中ノ創立ナリト云フ。当時大火災アリテ、大門駅ノ過半焼失セシコトアリシカバ、里人相謀リテ本社勧請シ、火防ノ神ト尊崇セシモノニテ、小丘ノ上ニ西北ニ面シテ建テラレタリト。」（傍線筆者）

つまり、愛宕社は、明治六年（一八七三）四月までは、現在の大門小学校の地（字西裏）にかつてあった円福寺の境内にあったというのである。円福寺とは、不動明王を本尊とする新義真言宗の寺院で、大門の大興寺の門徒であり、明治四年に廃寺となっている。そして愛宕社は、元禄年間に祀られたものであるといわれており、その本殿は江戸時代中期まで遡る一間社流造りの建築である。

ここで確認しておきたいことは、愛宕社は、もとは字西裏つまり日光御成道が通る台地の尾根の西側、大門神社とは御成道を挟んで反対側に所在していたことである。当地は、見沼から入り込んだ谷地に隣接している。つまり、愛宕社の龍の彫刻は、果たして見沼の田を荒らす龍を封じ込めるためのものであったのである。

4　見沼と釘付け龍伝説

以上見てくると自然と湧いてくる疑問は、何故に大崎の國昌寺と大門の旧円福寺の見沼東岸の二か所において、暴れる見沼の龍を左甚五郎の龍の彫刻を奉納することで鎮める、あるいは五寸釘付けにして封じ込めるという、同様な龍伝説が伝えられてきたのかということである。

まず指摘できることは、見沼の東岸を日光御成道が通っており、この二か所がこの道に隣接していることであろう。そしてこの二つの龍の彫刻が、言い伝えのとおり左甚五郎の作であるかは判然としないが、参考までに江戸時代には左甚五郎作と伝える彫刻を残した職人がいた。例えば上野寛永寺では、左甚五郎が彫ったと伝えられる龍の彫刻が不忍池の水を飲みに出たという伝説がある。この龍彫刻は、浅草茅町に住んでいた左甚五郎を先祖とし代々彫刻を渡世とする島村正俊という職人の作であるという。今後の調査研究の進展に期待したい。

また、次に考えさせられることは、龍が暴れてたびたび洪水をおこし村人を困らせていたことが、龍の彫刻奉納後に止んだという変化を説明しているこの伝説は、見沼溜井時代にたびたび大雨時の排水不良によって発生した耕地の水没、いわゆる「水いかり」が見沼代用水開削後に発生しなくなったという変化の現象を、見沼の龍への崇敬の念によって説明しているのではないか。とすればこの伝説は、ある意味では寺院の功徳として伝えているのである。

第2節　関東代官伊奈氏と龍神

1　関東代官伊奈氏と見沼の龍神

さいたま市周辺では、見沼における井沢弥惣兵衛為永等が関わる龍神伝説が知られている。しかし川口市周辺では、同じ江戸時代に治水・利水事業や新田開発事業を推進した関東代官伊奈氏についても、龍神や大蛇の伝説が語られている。

例えば、井沢弥惣兵衛為永とともに見沼の開発に関わっていた関東代官伊奈氏は、家運が傾くなどの災難が続いた。そこで家老が、氷川女體体神社の池に移り棲んでいるという龍神を慰めようと、同社に祈願し

写真6．赤山陣屋跡（川口市赤山）

たところ祟りはなくなったという。この話は、伊奈氏が享保年間の見沼開発に実際に関与していたことから伝えられたのである。

本稿では、江戸時代の新田開発と龍神等の伝説を探るうえで、川口市の赤山陣屋を中心とした伊奈氏に関わる伝説を整理し課題を指摘する（写真６）。

２ 赤山陣屋の龍神伝説―朱塗りの舟が沈む池―

次は、川口市赤山に伝わる見沼の龍神の話である。赤山陣屋の北西部にわずかに水を湛えたところがある。これは伊奈氏が勢力を誇っていたころの後苑の池であったという。昔、その池に伊奈氏が舟を浮かべていると山蛇が現れて「われは見沼の龍神である。汝が家のために棲む所を失った。その恨みは忘れない。必ずや汝の家に災いを為すであろう。」と怒りの言葉を残して水底に消えた。村人は永くこの水底に伊奈氏がその時舟遊びをしていた朱塗りの舟が沈んでいると信じてきた。

また、ある暖かい日、伊奈家のお姫様が陣屋のある大きな沼で、一人で舟に乗って遊んでいた。すると突然、空がかき曇り天を真っ黒な雲が覆い、大きな雷鳴とともにまぶしく光る稲妻がお姫様の上に落ちた。その瞬間、大きな龍が逆巻く沼の中から雷鳴轟く大空に向かって一直線に舞い上がっていったといい、お姫様もその姿を消してしまったという。それから何日かたった頃、沼のほとりの竹藪の中で美しい白蛇を見かけるようになり、村人たちは、この白蛇を龍にさらわれたお姫様の化身と考えて大切にし、祠を建ててお姫様の霊をお祀りしたという。

これらは、いずれも陣屋北西部にあったと伝える池にまつわる伝説である。

3 伊奈忠克と龍神―十三駄坂のいわれ―

次は、伊奈家の末裔に伝えられた話で、赤山伊奈家二代・伊奈半左衛門忠克の朱塗りの舟と池にまつわる伝説である。忠克は、大の釣り好きで、朱塗りの小舟に乗っては、陣屋の新町口からやや北よりの方角を目指し堀を漕ぎわたって釣りをした後、向こう岸の茶屋（現在の茶屋稲荷）に立ち寄って時を費やすのを日課としていた。

ある時忠克は、朱舟を漕ぎ出し釣り糸を垂れていると、一匹の小さな蛇が泳ぎ来て舟べりを二三度嘗めまわすことがあり、彼の足の親指も嘗められたといわれ、そんな事が再三再四続いた。堪り兼ねた忠克はある時、小柄を抜いて小蛇の急所を刺し通した。すると水面は逆巻く怒涛と化し、小舟は突然の大波にのまれ、忠克は命からがら陣屋へ戻った。

その後伊奈家は、十代忠尊の時に些細なことから上の勘気に触れて免官となった。その際、陣屋の屋形は取り壊され堀水は排出された。水の引いた堀底に、延々と横たわる一連の蛇骨が発見され、さらにやや窪んだ所に丸木舟が発見された。これを人は龍神（雌龍神ともいわれた）と呼び、車に積み急な岸の斜面を何度かにわたって搬出したが、搬出数が合計十三車であったことから、この坂道を「十三駄坂」と呼ぶようになったという。朱塗りの舟は窪地に残して次第に土砂に埋没していった。

　それからの伊奈家は代々五十歳を越えず急逝することが多く、十四代にあたる忠勝も昭和七年（一九三二）九月二十日に没し源長寺に葬られた。忠勝の弟随吉も、四十五歳で病に伏し闘病していたが、これ

写真７. 赤山陣屋内の五豊龍神

は先代が殺した龍神の祟りであると言われ祈祷を行った。そして、朱塗の舟が沈んだ跡の池水を汲み、毎朝これを一滴たらし冷水摩擦を行ったところ、不思議にも随吉の病は快癒した。このことから伊奈家は、朱舟が沈んでいると伝えられる小池の前に石の祠を建てて龍神の御霊を祀り、さらに池を深く掘り下げて清水を湧かし祈願をこめた。それは昭和十三年十二月二十三日のことで、この祠は「五豊龍神」と名付けられた（写真7）。またこの池は、「不思議の池」と呼ばれ、旱魃で村民が雨乞いで池を掻きまわすと三日のうちに雨が降るとされ、しかし悪戯に荒らすとオコリを病むと伝えられている。

写真８．興禅院の蓮上弁財天（川口市安行領家）

なお、同じような話であるが、藤田某という伊奈の家臣が沼のほとりで釣りをしていると、小さい蛇が現れて釣り糸のウキにじゃれつき、糸をつたい釣り竿を握った手の親指を嘗め始めた。薄気味悪くなって小刀で切り捨てたところ蛇は水中に消えてしまったが、翌朝、沼は赤く染まっていて水面には死んだ大蛇が浮かんでいた。これを切って馬に乗せたら三頭分の荷になり、それを背にした三頭の馬を引いて登った坂を「龍三駄坂」と言い、いつしか「十三駄坂」と呼ぶようになった。また後日、藤田某の屋敷裏の竹藪から大蛇の頭蓋骨が掘り出され、これを祀ったのが安行領家の弁財天であると伝えている（写真8）。

4　結語

以上が赤山陣屋に伝わる龍神伝説の概要であるが、これらの話は朱塗りの舟や十三駄坂など少しずつ類似しながら伝えられており、伊奈家に伝承される二代忠克にまつわる伝説が詳細に語られていることから、これが時代や社会によって変化しながら伝えられてきた可能性がある。しかし全体的に見て、治水・利水・新田開発を遂行してきた伊奈家は、その後の免官についても龍神に祟られた結果と語られており、村人にもそのように考えられてきたのであろう。

次に、見沼の龍神伝説の主人公は井沢弥惣兵衛為永が多いことに対して、こちらは伊奈忠克が語られるが、他に伊奈家・伊奈家のお姫様・家臣と少々漠然とした印象がある。また逆に、赤山伊奈家の初代で寛永の見沼開発をはじめ大規模な河川改修や検地を手掛けた伊奈忠治が語られていないのは何故であろうか。忠克は、正保二年（一六四五）に代官となり寛文五年（一六六五）に四十九歳で没しており、忠治の事業を引き継ぎ、溜池と用水による新田開発を促進した。いずれにしても当地に龍神伝説が定着したのは、これより後のことである。

最後に、不思議の池とも称される陣屋北西部の池は、現在もほぼその位置を特定することができ、ちょうど旧見沼の一つの入江の最奥にあたる。他にも赤山山王沼など神聖視されてもよさそうな沼もあったが、何故この池で龍神の伝説が語られるのであろうか。赤山陣屋は、伊奈忠治が、八丁堤を造成した同じ寛永年間頃に、大宮台地安行支台の南部、芝川・荒川の低地への谷と綾瀬川・中川の低地への谷のちょうど分水嶺にあたる台地上に、三つの谷を外堀に利用して築いている。忠治が何故赤山に陣屋を築いたかは大きな謎であるが、築造当時三つの大きな谷は湧水もあり水堀として機能していた。しかしこれらの谷（堀）も後に新田に開発され、陣屋の北部赤芝新田は、六代忠逵の正徳四年（一七一四）から検地されていることが『新編武蔵風土記稿』に見える。これらの時代に龍神伝説の定着する要因があるのではないかとも考えられるのである。

第3節　見沼の主の引越し

1　見沼の伝説研究の意義

前節までに見てきたように見沼田圃には、実に様々な伝説が伝えられ、大いに興味が引かれるところである。かつて青木義脩は、さいたま市における見沼周辺の伝説を整理・紹介している。本稿では、これら伝説の民俗学的意義について指摘し、川口市における伝説をも含めそのいくつかについて、とくに新田開発という歴史的事件が当時の村人たちにどのように受けとめられたのかという視点に立って位置づけ、若干の考察をする。

見沼は、古くからの文献に「神沼」・「三沼」・「箕沼」・「御沼」などと書かれているが、民俗学者折口信夫によれば、古代において「みぬま」という語は、「禊ぎ」に関係する言葉であり、「水の神」に関係した地名であった。次の伝説を参照されたい。

事例1　昔、見沼のほとりに小笛という笛の上手な少女が住んでいた。ある晩、笛を吹きながらあたりをさまよっていると、こちらと同じような笛の音が聞こえてきた。こちらがやめるとむこうもやむので、こだまかと思った。しかし、笛の音はだんだん近くなり、あわや古井戸に落ちそうになり、驚いて立ち止まると、笛の音はこの古井戸の中から聞こえてくるらしいことがわかり、中をのぞいた。すると、たくさんの蛍がいっせいに飛び出してきた。その中にひときわ大きな美しい蛍が現れ、小笛を招くように飛んで行った。小笛はあとを追っていった。そこには美しい御殿があり、小笛がみとれていると、まもなく少女が現れ、御姫様の前に案内してくれた。お姫様は、自分はかつてここにあった城の姫であったが、敗れて滅ぼされ、一族とともに蛍になった。蛍になっても、光り始める前のわずかな時だけ、大好きな笛だけは吹いている。自分のために供養塔を建ててほしいと頼んだ。村に帰った小笛は、村人たちにこのことを話し、大和田（現・さいたま市見沼区）にその供養塔を建てたという。

これは、「蛍の御殿」という伝説で、古井戸の中に別の世界があると解釈されることから、他地域に見られるところの水の神への信仰に起因した「隠れ里」の伝説に類似したものと考えられる。

つまり、見沼の伝説の民俗資料としての第一の意義は、これが日本人の水の神への信仰の一端をうかがうことができる資料なのである。柳田國男によれば、もともと水の神は、海の神も井戸の神もまた池や沼の神も、人々にはひとつの神として認識され、後世にその機能によっていくつかに分化していったとされている。このように考えると、例えば見沼と鴻沼（現・さいたま市中央区・桜区）とが同じ龍神で、黒雲に乗って行き来したという伝説をも理解する端緒になる。このように伝説は、その発生が託宣であるとも宗教者が流布したものとも言われているが、村人たちがこれを信じ、またあってもおかしくないものとして伝えてきたことにおいて、彼らの精神生活の一面をうかがう資料として分析できるのである。

また、興味深いことは、見沼の主を言う言葉が、土地によって「龍神」・「龍」・「大蛇」・「ゴイゴイ」・「オタケ様」などと違いが見られる。そして、「見沼の七弁天」と称されるように、土地によっては弁財天を祀り信仰している。これは、おそらくはある時代に、見沼の水の神への信仰に外来の弁財天信仰が習合したものであろう。つまりこれは、見沼の主への信仰が、土地によって少しずつ異なっていたことを示している。このように見沼の水の神への信仰は、地域によって、または時代によって様々な変遷をたどり、その一部は伝説となって今日に至っているのである。

本稿では、とくに新田開発を契機とするこの信仰の変化について、いくつかの伝説から見ていく。おそらくこのことは、近世において新田開発が各所で実施されたことから、日本人がある時代にある条件のもとに発生させる考え方や感情を考究することになるのであろう。さらにまた、福田アジオによって、民俗学において政治やその施策と民俗との関連を解明することの重要性が説かれている。つまり、見沼の伝説研究の第二の意義は、そのいくつかからは、新田開発事業の当時の人々の生活への影響をうかがうことができるのではないか。もちろんその影響は、社会的にも経済的にも様々なものがあるであろうが、本稿では、そのうちの信仰生活への影響の一端について考えるものである。

2 新田開発の伝説（1）―見沼の主との葛藤―

ここでは具体的な事例を見ていくが、まず見沼の主と人々の葛藤をモチーフとしていると考えられる伝説を取り上げる。第1節でも取り上げた緑区大崎の國昌寺に伝わる龍彫刻の伝説である。

事例2　さいたま市緑区大崎の國昌寺の山門の欄間の龍は、左甚五郎の作という（写真4）。そのいわれは、昔、見沼に龍がいて、食糧に困ると見沼の中をのたうちまわり村人を困らせた。そこで村人は、日光帰りの左甚五郎が村を通ったときに頼んで龍の彫刻を彫ってもらい、これを山門におさめたところ、以後、そういうことはなくなったという。

この話は、少なくとも享保年間の開発以前のことを言ったものと思われるが、伝承地では、見沼の龍が村人に危害を与える存在であり、例えば毎年の磐船祭で祭祀される宮本周辺で信仰されている龍神と比較すれば、神格化されずに零落した水の神の姿を表していると言える（注1）。また、同様な左甚五郎作と伝える龍彫刻の話が緑区大門の愛宕社にも伝えられていることから、これらの伝説の背景には、日光御成道が近くを通っているという環境的な要因と、話を伝えた者の関与が考えられるのではないか。なおこの伝説が、結果的に國昌寺（曹洞宗）の功徳を伝えている点にも注意しておく必要がある（注2）。

次は、享保の開発工事の指揮をした井沢弥惣兵衛為永と龍神との交渉の話である。

事例3 天沼（現・さいたま市大宮区）の大日堂を詰所として見沼干拓事業に取りかかった井沢為永のところに、ある夜、美しい女が訪ねてきて、「自分は見沼の龍神であるが、この沼を干すのを延期してほしい。」と願った。気がついてみると女の姿はなく、干拓の工事に取りかかると思わぬ災難が生じ、為永自身も病気になった。

為永が寝ているとまたその女が現れ、「自分がその病気を治してあげよう。そのかわり、自分の願いを聞いてほしい。」と、毎夜やってきては夜明けに姿を消した。為永の病気はにわかに良くなったが、家来が為永の部屋をのぞくと、蛇身の女が為永の体をなめまわしていた。為永は、詰所を片柳村（現・さいたま市見沼区）の万年寺に移した。

事例4　見沼区片柳にある万年寺（曹洞宗）は、井沢為永が干拓事業の事務所にした所である（写真9）。ある夜、龍神が現れ、「自分に三町四方の田を残してほしい。」と願った。夢からさめた為永は、何とか叶えてやりたいとしたが、困難であったので、万年寺境内に観音菩薩を祀り、神燈を寄進して「龍神燈」とし、毎年八月十五日に霊を慰めることとした。ところが、毎夜のように龍神燈がともされるので、寺僧が様子を確

写真9．万年寺山門（見沼区片柳）

かめると、闇の中から美女が現れ、灯をともそうとしていることがわかった。

事例5　龍神の祟りを除くために、十五間四方の未開拓地を残すと、井沢為永は、健康を取り戻すことができたので、龍神と観世音のために燈明料を供えた。ところが、誰がつけたわけでもないのに、毎晩境内の松の頂に燈が高く掲げられた。村人たちは、これは龍神が掲げるのだというようになった。

これらの話は、その内容から言って、もとは一つの話が断片的にそれぞれ伝えられたものとも思われるが、龍神が為永に助けを乞うている点で、やはり信仰の衰退がうかがえる。そして具体的に言うと、「見沼の主の助け乞い」→「為永への災難（病気）」→「主への保護（祭祀）」→「事業完成」という過程をたどり、龍神燈の不思議をもって話が完結している。このようにこれらの伝説からは、事業施工者と龍神との間の、事業完成までの葛藤を読み取ることができるのである。

3　新田開発の伝説（2）―見沼の主の引越し・祟り―

ここでは、新田開発完成に伴う見沼の主の行動と祟りについて語っている伝説を取り上げる。

事例6　井沢弥惣兵衛為永とともに見沼の開発に関わっていた関東代官伊奈氏は、家運が傾くなどの災難が続いた。そこで家老は、氷川女體神社の池に移り棲んでいるという龍神を慰めようと、同社に祈願したところ、その後祟りはなくなった。

事例7　赤山城跡の西北部にわずかに水を湛えたところがある。それは、伊奈氏が勢力を誇っていたころの後苑の池であった。

昔、伊奈氏が舟を浮かべていると山蛇が現れて、「われは見沼の龍神である。汝が家のために棲む所を失った。その恨みは忘れない。必ずや汝の家に災いを為すであろう。」と怒りの言葉を残して水底に消えた。

写真10. 氷川女體神社の池（緑区宮本）

村人は、永く、この水底に伊奈氏がその時舟遊びをしていた朱塗りの舟が沈んでいると信じてきた。

この二つの話は、先に紹介した龍神と関東代官伊奈氏との交渉を語った話である。

両方とも龍神の祟りを語っており、事例6は宮本（現・さいたま市見緑区）の氷川女體神社への祈願によりこれを解消し、事例7は伊奈氏の没落を龍神の祟りのためであるとしている。なお、事例6の龍神が氷川女體神社の池へ引っ越したことになっていることに注意しておきたい。（写真10）

事例8 さいたま市緑区間宮では、見沼がまだ沼であったとき、ゴイゴイという怪物が棲んでいた。（中略）四本の杭が打ってあって、清水が噴き出している所があり、そこに見沼のゴイゴイが棲んでいるといった。（中略）またゴイゴイは、見沼が干拓されて棲めなくなったので、千葉の印旛沼に行ったという。だから見沼の米を食っている者は、印旛沼に行ってはならぬ。行くと引き込まれてしまう。

事例9　川口市行衛では、見沼田圃では蓮・クワイを作ってはいけない。見沼では昔大蛇が棲んでおり、沼を開拓した時、蓮の葉の影に隠れていたのを見つけられて、千葉の印旛沼に送られたからという。

事例8は、ゴイゴイの祟りを恐れて「印旛沼に行ってはならぬ。」という禁忌となっており、事例9は、やはり大蛇のことが気になったためであろうか、「見沼に蓮を作ってはいけない。」という禁忌習俗の理由となっている。後者はおそらく、周辺の地域では別の理由でこの禁忌が伝えられていることから、禁忌に対して後から結びついたものであろう。なおこの二つの伝説では、見沼の主は千葉県の印旛沼に引っ越したことになっている。何故印旛沼であるのかは疑問が残るところであるが（注3）、同様なことを伝えている伝説を次に紹介する。

事例10　ある時、一人の車夫が客を送って空の人力車を引いての帰り道、突然目の前に現れた美しい女に、「成田詣でをしようと思うので、千葉まで乗せてほしい。」と頼まれた。車夫は、快く承知して女を乗せて道を急いだ。ところが印旛沼の辺りまで来たところ、急に車が軽くなったので、不思議に思って振り返って見ると、女の姿は車から消えていて、座席がぐっしょり濡れ、青くさい匂いが漂っていた。村人たちは、さては見沼の主の大蛇が、開発によって棲めなくなったので、姿を変えて印旛沼へ移ったのだろうとうわさし、そのこと以来、見沼の大蛇を見た者はいないと伝えている（川口市差間）。

事例11　内野村の蓮見左之次郎なる者が馬の背に野菜を積んで売りに行った帰り、千住大橋の渡しを越えてじきの所で、一人の若い女に出逢った。その女は、「これから見沼の方へ行きたいのだが、歩き続けて難渋している。日も暮れてきたし、途中まででいいから馬にのせてくれないか。」と手を合わさんばかりに頼むので、左之次郎は気の毒に思って馬に女を乗せた。やがて山口の弁財天の所までくると、女は、「ここでいいから降ろしてくれ。何のお礼もできないが、これを差し上げる。しかし決して中を見てはいけない。」と、オヒネリのような紙に包んだものをわたして行ってしまった。（中略）左之次郎が思いきって包みを開いてみると、二銭銅貨くらいの大きさのウロコが二枚入っていた。村人は、見沼開発後、印旛沼に移ったといわれた主の大蛇が懐かしくなって帰ってきたのであろうとうわさしたものであった（川口市東内野）。

この二つの伝説では、もうすでに見沼の主の祟りへの恐れはなくなっており、主に対する信仰は、これまで見てきた伝説と比較すると、最も衰えていると言ってよいであろう。しかし逆に言えば、事例6・7・8・9から分かるように、開拓の直後など、衰えているとはいえ主への信仰が無くなってはいなかった時代や地域があったのである。

また、これに対し見沼の西岸の地域では、主は信州の諏訪湖に移ったと言われており、このような干拓に伴う主の引越しの伝説は、他の地域にも存在する（注4）。これらの話は、これによって事業が完成したのであるから、沼の主が人間の行うことに服したことを意味していると考えてよいのではないか。

以上、見沼に伝わるいくつかの伝説から、当地域における水の神への信仰の変遷をたどりながら、当時の村人たちが新田開発という事業をどのように観ていたのかについて考えてきた。村人たちにとって見沼の開発事業は、一面では、徐々に衰えてきていながらもいまだに力を持っていた見沼の主との「葛藤」であり、その「祟りへの恐れ」であったのである。そしてその信仰は、「主の引越し」としてある帰結に至っているのである。

注

（1）この点については、河童伝説の分析を参考にした。
千葉徳爾「実例としての河童伝説の分析」『民俗と地域形成』風間書房、一九六六年、二〇二〜二〇三頁

（2）曹洞宗寺院は、地域において発展していく際、民衆教化のために、積極的にその地域に古くからある信仰を取り入れていったようである。
早川徹「南魚沼の歴史と伝承」宮家準編『修験道と地域社会―新潟県南魚沼の修験道―』所収、名著出版、一九八一年、二七頁

（3）この点については、かつてのこの周辺地域の人々の、千葉方面との交流や印旛沼への認識が問題になると思われる。参考までに報告すると、さいたま市緑区野田の「野田の鷺山」の鷺は、餌の魚を印旛沼まで採りに行ったと言われている。印旛沼の魚は、腹にある模様でそれとわかるのだという。この話からは、この辺りの人々は、昔から何らかの理由で、印旛沼についての知識を持っていたことがうかがえる。

（4）東京都北区の浮間では、荒川の開発の際に、そこに棲んでいた大蛇が引っ越したという伝説がある。

第2章

見沼の女神と氷川信仰

第1節　見沼と氷川信仰

1　氷川神社

素戔嗚命への信仰の一つに氷川信仰がある。氷川神社は、埼玉県・東京都・神奈川県の一部に分布する神社で、より詳細に見れば、東は綾瀬川、西は多摩川を限界として、足立郡・入間郡に最も多く、次いで豊島郡・多摩郡等に広く分布しており、その数は、およそ二五〇社とも一〇〇〇社とも言われる。

氷川神社は、『延喜式神名帳』に「氷川神《ひかわのかみ》」と記され、埼玉県さいたま市大宮区高鼻に鎮座している氷川神社を総本社としており、当社から勧請された氷川神社も多い。また氷川神社の分布は、日本武尊の東征経路や八世紀に出雲族出身の牟邪志国造が開拓した地域と一致しているともされ、「氷川」という名も、出雲国の簸川（現・斐伊川）に由来するとされている。

このように氷川信仰については、これまでも歴史学を中心として様々な分野で研究されてきたが、いまだ謎も多く、また現代生活においてもなお鎮守や氏神として関りが深い神社なのである。そこで本稿では、今後氷川神社の歴史と地域に果たしてきた役割を調べていくうえで、その研究課題を指摘する。

2　氷川神社の祭神についての諸説と信仰の概要

氷川神社の総本社であるさいたま市大宮区高鼻の氷川神社は、『氷川大宮縁起』によれば、第五代孝昭天皇三年（紀元前四七三年）四月末に創建され、勅願によって出雲国簸川の川上に鎮座する杵築大社を勧請し、「氷川神」の神号を賜り、素戔嗚命、奇稲田姫命、大己貴命の三神を祀ったとある。成務天皇（一三〇～一九〇年）の代に出雲族の兄多毛比命が武蔵国造となり奉崇したが、武蔵国造は出雲国造と同族であり、当地域の開拓は出雲族との関わりが深い。氷川神社が古記録の上にはじめて現れるのは、天平神護二年（七六六）で、『新抄格勅符抄』には、武蔵国氷川神に同年封戸三戸を与えたと記されている。

その後、南北朝時代の神道学者吉田兼永は、神名帳頭註に、「武蔵足立郡、氷川社、日本武、東征之時、勧請素戔嗚尊也」と記し、日本武尊が東夷征伐の折に素戔嗚命を勧請したと記しており、後世多くの学者がこれを引用していたが、これに対して、『新編武蔵風土記稿』は、出雲国簸川の杵築大社からの勧請から、氷川神社の祭神も大己貴命であるとし、これを本体としてその父母を男体社・女体社として祀ったのだとしている。他にも、度会延経の『神名帳考証武蔵』では饒速日命、至徳二年（一三八五）の『氷川大明神縁起書』では伊弉諾尊、伊弉冉尊、火神軻遇突智命などの諸説が記されており、これらについて『大宮市史』は、出雲系神説と高天原系神説を指摘し、後世いつの時代かに奉斎者が分裂したことを説いている。

一方、西角井正慶は、「祭祀圏」という見地から、関東地方の荒川、元荒川、利根川という大河川に沿って、氷川神社、香取神社、久伊豆神社が、お互いに境界を侵すことなく祀られ、多数分布することを指摘したうえで、氷川神社が祀られた村々は、その成立が比較的古く、多くは関東ローム層の台地に位置し、森林を開墾した谷の湿地を水田とした農村であり、一〇世紀以降に開拓された米作地帯であると推定している。

3　氷川神の多摩発祥説

『大宮市史』では、各地の氷川神社の中で古代に創建したと伝えている氷川社について、さいたま市大宮区高鼻氷川神社を勧請したと伝える五社を除き八社を掲載している。それは、大宮区高鼻氷川神社、緑区宮本氷川女體神社、見沼区中川氷川神社（中山神社）、大宮区指扇氷川神社、西区島根氷川神社、飯能市中山氷川神社、所沢市山口（または三ケ島）中氷川神社、東京都西多摩郡氷川町奥氷川神社である。その中でもとくに古社として知られているものは、延喜式内社の中氷川神社と、式外社ではあるが奥氷川神社である。
奥氷川神社は、上氷川神社とも称され、西多摩郡奥多摩町氷川一七八番地に鎮座し、日本武尊が東国平定の折に素戔嗚命、大己貴命を祀って創祀した社であると伝えられる。その後、牟邪志国最初の国造である出雲臣伊佐知直が多摩川下流に拠点をもち、その上流奥多摩氷川の愛宕山を、祖国出雲で祖神を祀る日御碕神社の神岳と見たて、ここへ祖神の氷川神を勧請したのではないかと伝えている（注1）。

中氷川神社は、所沢市三ケ島五丁目一六九一番地の一に鎮座し、長宮明神とも称されており、社伝によれば、崇神天皇の代に社託によって勧請された社で、はじめは素戔嗚命と奇稲田姫命の二柱を祀っていたが、日本武尊が東征に際してこの地に霊異を感じ、これに大己貴命、少彦名命の二柱を併せ祀ったと伝えている（注2）。

また両社はいずれも河川の上流に鎮座しており、しかも大宮区高鼻氷川神社と所沢市中氷川神社と奥多摩町奥氷川神社の三社が東西ほぼ同一線上に同間隔に所在する。座田司は、これらの立地関係から、奥氷川神社は高鼻氷川神社の奥の宮であり、中氷川神社は中の宮にあたるとし、さらに氷川神の発祥地は多摩で、同社は数多い氷川神社における最古社であると言う。

4　氷川神の見沼神《みぬまのかみ》発祥説

前記説に対して、氷川神の発祥を見沼の自然神とする説がある。『大宮市史』では、『氷川本紀』に「氷川とは古へ水沼あり、下流は隅田川に接したる大なる流にして、其大さ三里余広さ五六丁、其後新田に開きしが、今当社御手洗は古昔水沼の残存せるものなりと。池中蓴菜を繁生す。三冬の此今も御手洗に堅氷を結ぶ。古に氷《こおり》と云ひしを、今は氷川《ひかわ》と云ふなり」と記されていること、また見沼は、「御沼」または「神沼」とも書き、神の棲む神聖な池沼の意であるといわれ、氷川や見沼の語は、いずれも水源や沼に関わりの深い神聖な所を指したものと考えられること、そして大宮の氷川神社が鎮座している高鼻の地は、見沼が深く入り込んだ台地上にあって、清泉の湧出する景勝地であり、籾痕のある弥生式土器も出土し早くから水田耕作が行われていたことなどを根拠として、氷川神社鎮座の当初は、水田耕作に必要な水源神か、もしくは見沼地域を守護する地主神として祀られたと考えている。そして、見沼周辺にある大宮区高鼻氷川神社、緑区宮本氷川女體神社、見沼区中川中山神社は、それぞれ男体宮、女体宮、簸王子宮と称され、信濃国諏訪大社が上社・下社両社の総称であるように、この見沼の氷川三社も同様な形態ではなかったかと言い、三社が併祭した見沼舟遊に注目する。

また、『新編埼玉県史』も同様に次のような指摘をしている。「氷川神の性格は、かつて大宮市東部に広がっていた「見沼」と呼ばれる沼に宿る水の霊で、後世農耕神として祀られたものであろう。見沼は「御沼」であり、神の鎮まる沼として意識されていたことを示している。現在の氷川神社神池は、見沼の名残りだといわれる。氷川神を祀ったのは、見沼の周辺を開発した氏族で、氏神氷川神を祀り、結束を保っていたのであろう。この氏神は、『常陸国風土記』に記載される蛇神・夜刀の神を祀った人々の開発伝承のように、谷津に坐す水の神としての性格があったと思われる。」(傍線筆者)と言っている。

これに対して、古代史の森田悌は、氷川神社の発祥を見沼に流れ込む豊富な泉流に由来するとしながらも、奉斎者の検証から出雲国の斐伊川や杵築大社と結びつける考えには否定的である。むしろ氷川神社の最重要祭礼である十二月の大湯祭という本来の火祭りを重要視し、また氷川神社裏から発見された製鉄・鍛冶関連遺跡の発掘調査成果から、氷川神社は、「火神を祀る神社として発展し、製鉄・鍛冶に関係する人たちが関与した神社であったとみることができる」と指摘する。

次に、歴史地理学の木本雅康は、見沼氷川三社の大宮区高鼻氷川神社、見沼区中川中山神社、緑区宮本氷川女體神社が東西線を基準として南北に三〇度の傾きを持って一直線上に並んで鎮座しており、この方位が冬至の日の出、夏至の日没と関係しているのだとする。それは、冬至の日の朝、太陽は氷川女體神社の真上、氷川女體神社から見るとまさしく御船祭の御旅所「四本竹」付近からさし昇り、つまり太陽が再生するのだと言う。また木本は、高鼻氷川神社の大湯祭とかつて中山神社で十二月八日に行われていた火祭を分析し、火の儀礼による日の復活と水の儀礼（禊ぎ）による氷川神の復活を指摘した。そして氷川女體神社は、冬至の日に、見沼の彼方（常世国）から龍神（年神）を迎える太陽信仰の聖地なのであると言う。

また、埼玉平野の荒川流域の開発の歴史の中で氷川神社を解明しようとしている松浦茂樹は、氷川神社が水田開発との結びつきが強い神社であることや、出雲系の神を祭神としていることから、氷川神社は、古代から鉄製農器具の製造技術をもって武蔵に移住し開拓にいどんだ出雲族をはじめとする人々によって信仰されてきたのではないかと言っている。そして、中世に道路発達とともに成長してきた大宮氷川神社よりもむしろ、縄文時代から物資・人を運ぶ芝川舟運路で重要であった氷川女體神社が中心であったのではないかと興味深い指摘をしている。

しかし、これに対して最近刊行された『さいたま市史・民俗編Ⅰ』は、氷川神は、大宮台地東端に鎮座する高鼻氷川神社境内の「ミズチ」（水の霊威）が潜むと伝える「蛇の池」や「神池」からの豊富な湧水に坐す神を畏敬して祀ったものであるとしており、氷川女體神社・中山神社との三社一体の神社祭礼は行われていなかったとして、これら三社一体の考え方には否定的である。

以上のように氷川神社は、埼玉県・東京都・神奈川県に、地域の鎮守（氏神）として祀られ、現代生活にもなお大きな関りがあるが、その歴史には未だ謎が多いのである。

第2節　氷川女體神社と女神信仰

1　氷川女體神社

見沼という広大な沼であった見沼田圃を眺望できる緑区宮本に、氷川女體神社が鎮座している（写真11）。見沼は、古くは「御沼」とも書かれ、多くの龍神伝説を伝え、その祭祀を司ってきたのが氷川女體神社である。神社階段下の説明板の由緒書に次のように記されている。

「当社は、旧見沼を一望できる台地の突端「三室」に鎮座する。見沼は神沼として古代から存在した沼で、享保十二年（一七二七）の新田開発までは、一二平方キロメートルという広大なものであった。この沼は御手洗瀬として当社と一体であり、ここに坐す神は女體神すなわち女神であった。

創建の由緒は明和四年（一七六七）に神主武笠大学の記した『武州一宮女躰宮御由緒書』（武笠家文書）によると、「崇神帝之御勧請」「出雲国大社同躰」とある。また『神社明細帳』控には、見沼近くにある当社と現在のさいたま市大宮区高鼻鎮座の氷川神社、同市見沼区中川鎮座の中山神社（氷王子社）の三社を合わせ氷川神社として奉斎したと載せる。（中略）祭祀は御船祭と称し、隔年の九月八日に見沼に坐す女神に対して行われた。(後略)」

また神社境内の由緒書には次のように記されている。

「当社は崇神天皇の御代に、出雲杵築の大社を勧請した古社で、武蔵国一宮として見沼のほとりに鎮座している。」

なお、主祭神は奇稲田姫命で、他に大己貴命、三穂津姫命が祀られている。奇稲田姫命は素戔嗚命の妃であり、大己貴命はその子大国主命のことである。このように見ると、古来から見沼に坐す女神とは、奇稲田姫命のことを言ったのであろうか。そして、享保十二年の見沼干拓に際しては、根本祭礼「御船祭」を中止し、代わりに新た

写真 11. 氷川女體神社社殿

に新田に築いた祭礼場にて、享保十四年から「磐船祭」を執行するに至った。

近年刊行された『大宮氷川神社と氷川女體神社』で野尻靖は、三室（本来は「御室」）という地で、神社の御手洗瀬であった見沼（本来は「御沼」）があったからこそ氷川女體神社の発生があったはずだと、見沼と氷川女體神社が非常に深い関係にあることを指摘し、また後に紹介するようないくつかの指摘をしているが、まだまだ不明な点が多いのである。

本稿では、未だ神秘である見沼における信仰についてのこれまでの研究を整理しながら、見沼の女神について若干の考察をする。

2　見沼への信仰研究の沿革

これまでの見沼の信仰についての研究で気付くことは、第1節にても紹介したが、大宮区高鼻の氷川神社をはじめとした氷川信仰を見沼と関連づけて説明するものが多いことである。

『大宮市史』では、高鼻氷川神社と見沼との関係を重要視し、氷川神社鎮座の当初は、水田耕作に必要な水源神かもしくは見沼地域を守護する地主神として祀られたものであるとしている。『新編埼玉県史』でも、高鼻氷川神社の神池が見沼の名残りだと言われることから、「氷川神《ひかわのかみ》」そのものの性格が「神の鎮まる沼」である見沼（「御沼」）に宿る沼の精霊であり、後世農耕神として祀られたものであると言う。

『浦和市史』では、氷川神社は、平安時代前期に成立した『延喜式』神名帳にこれが掲載され、しかも「名神大、月次新嘗」と記されていることから、武蔵国で第一等の扱いを受けていた神社であったとしている。大宮区高鼻氷川神社と緑区宮本氷川女體神社、見沼区中川氷川神社（中山神社・写真12）は古くは一体の神社であったと見られ、氷川神社は一社のみが官社であることから三社が鼎立していたとは考え難く、足立郡司丈部直氏（後の武蔵氏。武蔵国造）によって奉斎され、おそらく見沼及びその周辺耕地の地主神であったものが、その後

写真 12. 中山神社（見沼区中川）

武蔵武芝が平将門の乱で失脚してから奉斎者の上に変動があり、三社が分立するようになったのではないかと言う。また高鼻氷川神社では、古来より重要な行事として六月十五日（現在は八月二日）に神幸祭に際して橋上祭が行われているが、当日は女体社の薦《こも》を新しくするなど男神を迎える準備をし、男神は一度橋上に出てから女体社に向かうという儀式が行われる。橋の下は現在は池であるが、もとは見沼の入江の一部であって、この祭の本来の姿は、ここから船で渡御するというのが原形であったのではないかとされ、氷川女體神社の御船祭と重ねてみると、かつてはそこに共通の神事が執り行われていた可能性が考えられると言う。

一方、氷川女體神社を中心として見沼について考究する研究者もいる。氷川女體神社も、古くから朝廷・武門の信仰が篤く、天正十九年（一五九一）には徳川家康から五十石の朱印社領が寄進され、また本来の武蔵国一宮の高鼻氷川神社の他に、この神社を「武蔵国一宮」とする史料も存在する。このように氷川女體神社が重要視されてきた理由として、青木義脩は、信濃国諏訪大社が諏訪湖をとりまく四つの神社で形成されているのと同様に、かつて氷川神社も見沼をとりまく高鼻氷川神社（男体）、宮本氷川女體神社（女体）、中川中山神社（簸王子）の三社で形成されていたからであると言っている。

これに対して氷川女體神社の研究者である野尻靖は、このような三位一体神は海人系神社の特色であり、この三社が鼎立して氷川神社が形成されていたと考える場合、見沼を本拠とする海人集団との関わりの可能性を指摘しているが、宮本氷川女體神社の重要神事である御船祭についいて、高鼻氷川神社と中川中山神社にその関係が伝えられていないことから、三社の古くからの関係を史料的に裏付けるのが困難であるとして、少なくとも古代においては、三社は全く別の奉斎集団・祭祀組織を持ち、それぞれ単独に存在していたと考えるべきであると言う。

また野尻は、宮本氷川女體神社の中世から近世にかけての社名の変遷を問題にしており、最も古い史料の正慶二年（一三三三）から暦応二年（一三三九）までに書写された大般若経四百巻には「御室大明神」や「御室女躰」と記され、室町末期までは「女躰」と称されている。そして天正十九年（一五九一）の徳川家康社領寄進状で初めて「簸河明神」と記され、それ以後の朱印状もこれを継続し、近世期には「武蔵國一宮女体宮氷川神社」といった表現が一般的になるのだという。野尻は、宮本氷川女體神社は、近世以前は「女体宮」として単独に存在し高鼻氷川神社との関係はなかったこと、徳川家康関東入府つまり江戸幕府の神祇政策によって「簸河明神」と称されるようになり、以後高鼻氷川神社との関係が生じたこと、氷川女體神社に冠されている「武蔵一宮」は近世から始まったと指摘していることは興味深い。

しかし野尻は、御手洗瀬として見沼があったからこそ氷川女體神社の発生があったはずであると言い、一方で氷川女體神社のもとの姿は、見沼周辺に定住した人々が農耕に不可欠な水を得る場所として見沼を神聖視し、水の神たる女神を祀ったものと言いながらも、近年は、根本祭礼である御船祭と周辺の縄文時代の丸木舟の出土例、牛山佳幸の女体社研究にも刺激され、御船祭も船の航行安全を願うために船上で女神である船霊神を祀ったのが始まりであり、それが氷川女體神社のもとではないかとその見解を変化させるのである。

しかし、民俗学の研究成果によると、海民が信仰する神様のうち「船霊様」は、概して龍神・龍宮・龍王が「海の神様」であり、夷様が「漁の神様」、網霊様が「網の神様」であるのに対して、「船の神様」・「船の守護神」として信仰されてきたことが報告されている。また言うまでもなく、江戸時代に見沼の船頭たちの信仰を集めていたのは茨城県稲敷郡桜川村の大杉神社であったことから考えても、女體神社の原型については、沼の神聖性を指摘しながらも、単なる同じ女性神である理由から船の守護神に位置づけようとする説には、その信憑性を説明する古い時代の船霊信仰についての調査研究の必要性を感じるところである。

次に、関東地方における「女体社」の分布と信仰の様相を研究した牛山佳幸は、『新編武蔵風土記稿』（文政十一年・一八二八）から「女体」のつく神社や小社を三十四社確認した。「女体社」という神社名が中近世にはごく普通に用いられていたと指摘したうえで、とくに特徴的に分布している「旧利根川水系の女体社群」は、ほぼ筑波山の女体祠から伊弉冉尊《いざなみのみこと》を勧請したものであることを突き止めた。これに対して、「見沼周縁部の女体社群」はより古く、その代表的存在である三室の女体社は、鎌倉後期までには成立していたとされる。また、境内の石塔類の寄進者名から、基本的に女体社信仰は「男性による女神信仰」であり、河川・湖沼に沿って鎮座している点、三室女体社で古くから行われてきた御船祭から、女体社は、船乗りたちによって航海安全や豊漁を祈願・信仰されてきた船に祀られた女神、船霊信仰に関係するのではないかと言っている。

次に、第1節にても紹介したが、見沼氷川三社の方位と古代信仰を問題とした木本雅康は、大宮区高鼻氷川神社、見沼区中川中山神社、緑区宮本氷川女體神社の三社がほとんど正確に一直線上に並んで位置し、東西線を基準として南北に三〇度の傾きを持っており、この方位が冬至の日の出、夏至の日没と関係しているのだと指摘している。つまり、冬至の日、太陽は氷川女體神社の真上から昇り、夏至の日、大宮氷川神社の真上に沈むのである。また、御船祭の女體権現御旅所である「四本竹」は、真東から南へ四〇度に位置し、氷川女體神社はこの方角に向いて鎮座していることから、冬至の日の朝、氷川女體神社から見てまさしく四本竹付近から太陽がさし昇る、つまり太陽が再生するのだと言う。

また木本は、折口信夫の高論「水の女」を紹介しながら、氷川神社の大湯祭（もとは火祭であった）、かつて中山神社で十二月八日に行われていた火祭を分析し、火の儀礼による日の復活と水の儀礼（禊ぎ）による氷川神の復活を指摘し、「ヒカワ」とは、生命の源泉としての太陽と水、あるいは火と水を意味しているのだと言う。そして氷川女體神社は、冬至の日に、見沼の彼方（常世国）から龍神（年神）を迎える太陽信仰の聖地であると主張する（写真13）。

以上のように、これら見沼の信仰研究は、文献資料等に基づく歴史学、または国文学や民俗学による古代研究で、氷川信仰や氷川女體神社に関わる研究である。他にも御

写真 13. 見沼田圃からの氷川女體神社の遠望

室信仰を主眼とした研究もある。しかしこれらは、それぞれの目的や研究方法によって様々に指摘されているが、見沼には、まだまだ謎が多いと言えよう。

3 『見沼物語』に見る見沼の古代信仰

氷川女體神社の前宮司である吉田孖則の著書に『見沼物語』という本がある。これは、昭和五十六年にさきたま出版会から刊行されたもので、序文によれば「それぞれの方からのご意見なども たまわり、古代研究書なども参考に」して、「現存する文化財や記録、そして口承伝説その他をたどりながら」書かれたという。つまり、この『見沼物語』を資料として取り扱おうとする場合は、全てが記録や伝承資料とは言えないものであるが、全てが創作でもないのであり、少なくとも先代宮司はそのように解釈していたことから、全く無視することはできまい。おそらくこれは、資料検討のうえ見沼の古代信仰を解明する手がかりになるのではないか。そのような事を考えながらこの『見沼物語』を紹介する(写真14)。

紀元元年辛酉年二月十一日、神武天皇が即位し、第二皇子の手研耳皇子《てぎしみみこ》を東海・東山総国造頭元帥《そうくにのみやつこがしらげんすい》に任じ、そのもと国造《くにのみやつこ》に経津主命《へつぬしのみこと》五四世富佐地香取命《ふさちかとりのみこと》を、そのもとに県令《あがたぬし》として、武佐志《むさし》両富佐《りょうふさ》に太玉命《ふとたまのみこと》五六世御鉾海《みほこうみ》辺命《べのみこと》に命じて、安房《あわ》の宮に大本営を置き、武佐志《むさし》の阿太地日川《あだちひかわ》に副本営を置き政務を司った。この御鉾海辺命《みほこうみべのみこと》は、水沼《みぬま》の県主《あがたぬし》でもあり、女神である出雲系大祖神《いずもけいおおみおや》・須佐之《すさの》男命《おのみこと》の皇后の奇稲田媛命《くしいなだひめのみこと》を主祭神に、その御子大己貴命《おおなむちのみこと》の皇后・出雲比《いずもひめ》命ともいわれる三穂津比女命《みほつひめのみこと》を配祀として、この地方第一の祠に祀ったという。

水沼（見沼）は、全国主要な祭祀地十四か所の一つに選ばれ、神武天皇の第五皇女「久久《くく》里媛《りひめ》」が、多気《たけ》の宮に行った姉皇女と同様に、斎王《いつきのみこ》として派遣され、大和他田《やまとおさだ》の日奉部《ひまつりべ》の佐伯日奉造《さえきひまつりのみやつこ》が補佐役についた。

久久里媛は、日祀《ひまつり》の祭事には、湖水東方太陽に向かい水浴をし、清浄な体で湯河板挙《ゆかわだな》という小屋に入り、神衣《かむみそ》を静かに織りながら神の訪れを祈った。

祭りのある夜、久久里媛が日祀《ひまつり》のおこもりの最中に、水沼の主を思わせるような龍形《りゅうぎょう》の蛇

写真 14. 吉田孖則著『見沼物語』

体が湖上を渡って行った。神は昔から蛇体となって現れると言われ、それは谷々を超えるような長大な龍神であった。そのことを感じとった久久里媛は、静かに瞼を閉じ、神をお迎えする心の準備をしたのである。そして久久里媛は、神の御子《みこ》を宿した。

春になって久久里媛は、双子の姉妹を出産した。姉を「伊津姫《いづひめ》」、妹を「多伎姫《たきひめ》」と名付けた。久久里媛は、ことのほか二姫を可愛がったが、幾年も経たないある秋の夕暮れに、辞世の言葉を残して亡くなってしまった。その言葉には、最愛の夫である神は、それはそれは顔立ちのよい偉丈夫で立派な方であったこと、これから先は決して祭りを途絶えさせないでほしいことなどが伝えられた。その後、殯宮《もがりのみや》行事が五日間続き、舟に載せられた柩《ひつぎ》は、「女体下」あたりの水底に沈められ、ともに幾人かの側女が泣きながら入水していった。

二人の姫はすくすくと成長し、姉の伊津姫は斎王《いつきのみこ》となり、日咲香具媛《ひさきかぐひめ》と名乗ることになった。妹の多伎姫も姉に負けず別居し、二人は競って日祀の祭事を行った。気の強い多伎姫は、毎日一心に神迎えのため、水沼の水に浸った。ところがかねてより多伎姫に思いを寄せていた邑《むら》の長《おさ》の子「手留彦《たるひこ》」は、多伎姫をわが妻にするため、ひそかに龍神を亡き者にしようと考えていたのであった。

めぐる次の年、夏も終わり大日祭《おおひまつり》の日、湖上に神迎えの御座所《みましどころ》を設けた船が数隻の船を従えて、御船遊神事《みふねあそびのしんじ》が行われていた。水沼の南、荒川の瀬まで漕ぎ出して、一同斎戒沐浴《さいかいもくよく》し、御禊神事《みそぎのしんじ》を終えて再び北上し、湖の中央で船を停め、水底に神酒《みき》や神饌《みけつもの》を供えて神事を行い、戻り返って大社《おおやしろ》で大御祭《おおみまつり》を行う。人々にとっても、夜通し大社の杜《もり》でお籠りをし、翌朝日の出を遥拝《ようはい》し、太陽の恵みを改めて感謝する大切なお祭りである。斎王は、翌る朝の大御祭神《おおみまつりしん》事《じ》のために、何度も水沼の水に御禊をし、湯河板挙で潔斎《けっさい》に入っていた。

妹の多伎姫も、今年こそ水沼の神の妻になれるよう一心に祈っていると、龍形の長蛇《ちょうだ》が現れ、妙なる尊い男性が現れた。控えていた手留彦は、発作的にとりかぶとの毒を塗った矢を放ち、貴人はこれを叩き落したが、第三の矢が多伎姫の右眼を貫いてしまった。すると水沼に轟々《ごうごう》と火柱が立ち上がり、続いて大粒の雨が注ぎ、ごうごうと溢れ渦巻く水沼は嵐に狂い、民家はことごとく流され、穀物は全て流されてしまった。水沼様の祟りに、斎王は、最上座で夜も徹してひたすら祈り続けたのだった。

七日間降り続いた雨がやっと止み、八日目の朝は冷え込んで、水の流れた跡に「氷の川」が現れた。今後、水沼の魚は水沼の神に捧げることが誓われ、多伎姫の霊を慰めるために鯉の右眼をつぶした。そして、祭りのたびに、片目の鯉を神前に供えることになった。

また、幾代か過ぎて、語り継がれてきた二人の姫は、里人たちによって、水沼の岸辺にそ

れぞれ祀られることになった。永久に日祀する姫の祠が、現在の大牧氷川女体社と附島氷川女体社であろう
とのことである（写真15）。

4　見沼と折口信夫の聖水信仰論

以上のように『見沼物語』の概要を見てきたが、まず気付くことは、例えば「紀元元年辛酉年二月十一日、神武天皇が即位」や「武佐志両富佐に太玉命五六世御鉾海辺命に命じて」など、具体的な紀年銘や人名の記述から、何か参照文献があるのではないかと思われることである。この御鉾海辺命が、見沼に「地方第一の祠」として奇稲田媛命を祀ったとしているが、奇稲田媛命

写真 15. 大牧氷川女体神社（緑区大牧）

が祀られた時期が、先の縁起で見た第十代崇神天皇の頃に対して、さらに遡っている。

また、「神武天皇の第五皇女「久久里媛」」が斎王であり、その娘の姉を「伊津姫」、妹を「多伎姫」と称したことについては、何らか伝承の類が伝えられていないのであろうか。そもそも久久里媛は、「菊理媛」とも書かれ、『日本書紀』一書と『先代旧事本紀』にその名が見える神で、伊弉諾《いざなぎ》が死んだ伊弉冉《いざなみ》を連れ戻しに黄泉国に赴き、逃げ帰る時に泉津平坂で伊弉冉と相論となり、伊弉冉の代弁をした神であり、中世以降は加賀の白山妙理権現の祭神となる。それと同じ名の斎王が登場するのは何か理由があるのであろうか。

次に、久久里媛の湖水での御禊や、湯河板挙という小屋で神の衣のために機を織って神の訪れを待ち、神の妻となった描写などは、著者が國學院大學文学部日本文学科の出身であることからも、おそらく折口信夫の論文「水の女」をはじめとした古代研究を参考にしていると考えてまず間違いないと思われる。折口の研究は、直接さいたま市の氷川神社や「見沼」については触れてはいないが、日本人の『古事記』や『日本書紀』が成立する以前の聖水信仰とそれに関わる祭祀を解明したものであり、後の秋山喜久夫や木本雅康の見沼研究にも影響している点でも注目される。周知のように折口の「水の女」は、難解な論文ではあるが、『見沼物語』に該当する箇所を中心に紹介する。

折口信夫は、『出雲国造神賀詞《いずものくにのみやつこのかむよごと》』に見える「若水沼間《わかみぬま》」、『出雲風土記』に見える「水沼《みぬま》」、筑紫国の水沼氏などの例から、「みぬま」や「みつは」という言葉は、もとは水の神に関係した地名であり、最も古くは水辺にあって禊ぎに関係する水の女神の名であったと説いている。

古代日本の信仰生活では、聖なる水を管理し、神や貴人の誕生・再生のための禊ぎ儀礼において水の呪力で奉仕する神女である巫女の存在が重要であった。本来「みづ」は、禊ぎの料として、遠い浄土から、時を限ってより来る水「常世浪《とこよなみ》」のことである。この水の呪力で変若《おち》返《かえ》って神になるための「みづのをひも」を解いたその神女は、神の嫁となったのである。そして、神の威力を蒙って、この神女自身も神とみなされ、この女神を「みぬま神」と言った（傍線筆者）。「みぬま神《のかみ》」は、水を司る蛇体の男性神「おかみ」に対する女性の蛇「みつは」の神と同じであり、『日本書紀』一書にて、イザナギの禊ぎに先立って泉津平坂に現れた「菊理媛《くくりひめ》」も、この「みぬま神」である。また、これに登場する「みぬめ」「宗像」「水沼」の神もまさにその女神だという。

また折口は、「ふぢはら（藤原）」氏など禊ぎを聖職とする家もあったとし、古代皇妃の出自が、水界に在って、水の神の女である事、並びにその聖職が、天子即位蘇生を意味する禊ぎの奉仕にあったのだと説いている。

以上のように見ると、つまり『見沼物語』における神武天皇の第五皇女久久里媛が「みぬま神」であったのである。秋山喜久夫は、折口信夫には、その高弟に氷川神社旧社家の出身である西角井正慶がおり、度々大宮氷川神社を訪れていることから、当然ながら折口も、見沼について考えを巡らせていたであろうと言っている。

5 見沼の女神への一考察

前述したように、『見沼物語』のどこまでが神社の記録や地元の伝承に基づいているかは不明であり、少なからず折口信夫の「水の女」を参考にしていることは否定できない。しかし、少なくとも吉田孖則前宮司はこのように考えていたことは間違いないのであって、ここに「みぬま（見沼）」という地名が存在する以上は、太古の昔に、折口が出雲や筑後、大和などの事例から解明した「みぬま神」という女神による聖水信仰の祭祀が、当然ここ見沼でも行われていたと考えるべきではないか。

ただし、先に見たように、今までは文献資料の乏しい中で、見沼を御手洗瀬とした太古からの重要な信仰について、それも三室の女体神信仰の由来について、とくに地域史や古代史の立場からは、水源信仰や地主神信仰を想定しながらも、結論としては見沼氷川三社を中心とした氷川信仰の歴史によって解釈しようとする傾向が強かったと思われる。この点については『見沼物語』も、古くから奇稲田媛命を主祭神とする氷川信仰が行われていたと考えている。

　またやはり折口信夫の説を継承しようとする秋山喜久夫も、氷川社記から、氷川神社が出雲国の斐伊川の上流の「みぬま」と同じ禊ぎの神である彌努波《みつは》の社と彌努婆《みつは》の社が祀られている杵築大社をうつし祀ったことを、見沼における信仰の起源と見ているらしい。

　つまりこれらによると、折口が言う「みぬま神」による聖水信仰は、神社の由緒に示されたように、ここ見沼には、出雲国から氷川信仰の移入によってもたらされたとも考えられる。しかし、神話に近い時代の話にしても、『見沼物語』が想定する時代が神武天皇の世であるのに対して、氷川神社由緒が崇神天皇の世であり、時代的に隔たりがあることや、野尻靖が説くように三室氷川女體神社の社名が見られるのが近世以降であること、やはり「みぬま」という地名の存在から、ここ見沼には、出雲からの氷川信仰移入以前からすでに、「みぬま神」という女神による聖水信仰の祭祀が行われていたと考えるべきであろう。

　荒川の本支流域に千社以上が分布すると言われる素戔嗚命を主祭神とする氷川神社と氷川信仰の中で、何故に三室では皇后の奇稲田媛命を主祭神にしなければならなかったのか。それは、もとより当地で女神への信仰が行われてきたからではないか。

6 結語

牛山佳幸は、関東地方に多く分布している女体社は、河川や湖沼に沿って鎮座し、広い意味での女神信仰によって成立した神社であると言っている。また、前節まで見てきたように、女体社の鎮座地である見沼は、「みぬま神」という神の誕生・蘇生を意味する禊ぎに奉仕する女神の名であった。そして、太古の昔から、ここ見沼では、女神による聖水信仰に基づく祭祀が行われていたのではないか。それが古代になり、出雲からの氷川信仰によって習合されて、長い時代にわたって氷川女體神社が中心となり、御船祭や龍神祭祀が伝えられてきたと考えるのである。

また折口信夫は、「水の女」の最後で、木花咲耶姫命《このはなさくやひめのみこと》もまた禊ぎに深い因縁のある神女であると言っている。このようにより広い視野で見沼における女神信仰を見ると、沼の周辺には、緑区宮本氷川女體神社の他に女體社が三社、「見沼の七弁天」にも数えられる宗像社が四社、木花咲耶姫命を祀る浅間神社が五社確認できる。見沼は、太古から行われた「みぬま神」という女神による祭祀の他にも、水の女神が祀られやすい環境なのであろうか。

第3節　御船祭の変遷

1　目的

見沼を望む地に鎮座する氷川女體神社は、古くから奇稲田姫命を主祭神とし、見沼を御手洗瀬として、古代よりここに坐ます神を祀り、その根本祭礼として「御船祭」を行ってきた。それは、毎年あるいは隔年の九月八日に、氷川女體神社から御座船に乗せられた神輿が下山口新田にある女体権現御旅所（「四本竹」）に渡御するというものであった。それが、享保年間の干拓によって執行できなくなると、享保十四年（一七二九）九月八日から、神社下の新田の中に山を築きまわりを池にして、山の上に設置した船形の祭壇に神輿を渡御する「磐船祭」として行われるようになった。

この御船祭については、『新編武蔵風土記稿』巻之四十三、足立郡之九には、

「其内九月八日は隔年の舟祭りなり、此祭古へは社地より廿四五町程隔て、大なる沼あり、其内に神輿を置て舟に祭れり、」

と記されている。また女體社由緒書には次のように記されている。

「（前略）当祭典終って神霊を神輿に遷し神主以下警固して沼辺に至り、神輿を装飾したる御舟に移し、漕ぎ出すこと一里余にして湖の中央なる斎場（湖中東西南北の四隅に竹を建て注連縄を張る）に至りて東西南北に向ひて、各其の方角に立ちたる竹の本に、餅・赤飯・御酒の三種を沈め、神主祝詞を奏し、次に奉幣、次に御神楽あり、式了りてお舟を漕ぎ戻し、神霊を本社に鎮め奉り祝詞を奏して退散す。」

しかし、その起源や歴史は未だ不明なところが多く、その研究も殆どない。そこで本稿では、この見沼の御船祭についての伝承や報告、研究を整理・紹介し、その変遷を考察する。

2　見沼における御船祭の伝承

ここでは、先の『浦和市史・通史編Ⅱ』からの引用に加え、これまでの見沼の御船祭についての伝承や報告を整理する。

野尻靖によれば、隔年の九月八日、氷川女體神社から神輿を乗せた御座船が見沼を南下し、竹を四隅に建てた四本竹の御旅所で瓶子に入れた神酒を沼の主である龍に供献する儀式で、当日の神幸の際には北風によって船は自ずと沼の中に到着し、還御の際には南風によって船が元の場所に到着したという不思議な逸話が伝えられている。また『見沼と竜神ものがたり』によれば、四本竹の祭祀場所での供物は神酒だけでなく、赤飯や銭を沼に捧げると、渦を巻いてあっという間に吸い込み、その後で龍神の使いである鯉が箸を吹き戻したという（注3）。そして神社では現在も、御船祭に使用した正応六年（一二九三）の木鉾、室町時代の牡丹文瓶子、桃山時代の神輿を所蔵している。

これに対して『大宮市史・第五巻（民俗・文化財編）』では、少し異なる言い伝えが報告されている。それは、昔、緑区宮本の氷川女體神社に「御船祭」といって、御本霊を舟にのせ、片柳地区（現・さいたま市見沼区）の中川の氷川神社（現・中山神社）下にしつらえた御旅所までお送りする古式があったが、享保年間に見沼が干拓されてからは中止になってしまった。この祭礼は、毎年六月十四日と九月八日の二度に行われ、九月八日の御船祭はことに盛大をきわめ、天正十九年（一五九一）九月八日、徳川家康から五十石の神領を賜ってからは、五年ごとに行っていたものを一年おきに改めたという。挙式の次第は、御神輿を舟にのせ、その周りに竹を立てて七五三縄を張り、設けた祭壇に供物を供え、神楽を奏しながら、近郷の若者たち多数が社前のお船出口から船を出し、中川氷川神社下の御旅所まで漕いでゆき、途中見沼の中ほどで、天下泰平・五穀豊穣を祈る儀式であり、中川の氷川神社でも「お迎えの式」といって、祭壇を飾り供物を供え、賑々しくお待ちするのであった。また、御船祭のおりに、二つの瓶子に濁り酒を入れて沼内に沈めると、必ず酒は空になって瓶子だけが浮かび出た。それを取って次の年のお祭りにまた用いるのが定めであったが、ある年のお祭りに、どうした訳か片瓶子だけしか浮かび出なかった。やむなくその後の祭りには、御神酒だけを水中に注ぎ込んだが、奇妙なことに一滴も散ることなく、水底に吸い込まれていったという。

この伝承は、中川の氷川神社付近で伝承されてきたものであるが、中川氷川神社も「お迎え式」として参加していること、毎年六月十四日と五年に一度の九月八日に行われていたこと、近郷の若者たち大勢が参加したとされ、御旅所も中川氷川神社の下にあったとされることなどが注目される。このように見沼の御船祭は、場所によって少々異なる二つの伝承が伝えられていることを確認することができる。

なお、氷川女體神社の御船祭の他にも、正徳四年（一七一四）七月の慈恩寺観音参詣の船遭難を契機として、毎年六月十五日に行われていた龍神祭や、芝原で七月二十一日に龍神祭が行われていたことが報告されている。それほど当時の村人たちにとって、見沼の龍神は神聖で恐ろしい存在であったのである。

また、氷川女體神社吉田孖則前宮司は、その著書『見沼物語』で、大日祭りの日に、湖上で神迎えの御座所を設けた船が数隻の船を従えて行う「御船遊神事」を記している。それは、荒川の瀬まで船で漕ぎ出して一同斎戒沐浴する御禊神事を終えて、再び北上し湖の中央で船を停め、水底に神酒や神饌を行い、神社に戻って大御祭神事を行うというもので、翌朝に日の出を遥拝し太陽の恵みに感謝する大切な祭でもあり、現在も「お日待ち」として受け継がれているという。

3　これまでの見沼御船祭の研究

先に指摘したように、見沼の御船祭についての本格的な研究は殆どない。ここでは、これまでなされた指摘を整理する。

『浦和市史・通史編Ⅰ』では、大宮区高鼻氷川神社で古来より六月十五日（現在は八月一日）に行われてきた重要な行事である神幸祭に際して、橋上祭が催されていると記している。祭は、境内の女体社の薦を新しくし男体社の男神を迎える準備をし、男神の神輿が一度神池にかかる神橋に出てから女体社に向かうという儀式が行われる。神池は、もとは見沼の入り江の一部であったことから、また氷川女體神社の御船祭を重ね合わせて考えると、この橋上祭と神幸祭は本来、ここから船で見沼に乗り出して女體神社まで渡御するというのが原形ではなかったかという。そして、かつて高鼻氷川神社（男体）、氷川女體神社（女体）に中川氷川神社（簸王子）

を加えた三社による共通の神事が執り行われた可能性を指摘する。

秋山喜久夫は、上記のように高鼻氷川神社の神幸祭の橋上祭は昔の御船祭の名残りであるといわれることから、「高鼻の男体と、三室の女体から、船が出て、下山口新田の「女体権現御旅所」で、男神と女伸が逢う瀬を楽しまれる祭りなのであった。」と言っている。また井上香都羅は、諏訪大社上社の祭神・建御名方命がしばしば諏訪湖を渡ってその妻である下社祭神の八坂刀売命のもとを訪れたという伝説を参照し、見沼の御船祭も、高鼻氷川神社の男神・素戔嗚命が宮本女軆神社の女神・奇稲田姫命のもとへ通う神事が、その原形ではなかったかと言う。

しかし、これに対して前述したように、最近刊行の『さいたま市史・民俗編Ⅰ』は、これら三社一体の祭礼は行われていなかったと言っている。

参考までに言えば、やはり詳細は不明だが、さいたま市西区島根の氷川神社でも、江戸時代初期頃まで御船祭が行われていた。当社の八月二十七日の諏訪祭には、男神輿と女神輿を出し、弁天様の所から鴨川に続く水路を船下りさせて側ヶ谷戸（現・大宮区三橋）の慈宝院に向かい、院の弁財天で御神酒等を供え巫女神楽をあげ、神主が神社の大太刀と寺院の宝物を交換したという。

先にも紹介したが、歴史地理学の本木雅康は、高鼻氷川神社と中川氷川神社、氷川女體神社は一直線上に並んで鎮座しており、また氷川女體神社と御旅所四本竹との位置関係が真東から南へ約四〇度の方位に位置しており、女體神社の社殿はまさしく四本竹を向いていることに注目し、四本竹は、冬至の日の朝に太陽がその付近からさし昇ることから、太陽の再生装置とみなすことができるといい、氷川女體神社は、見沼の彼方（常世国）から龍神を迎える古代太陽信仰の聖地であると主張する。

次に、一九八九〜一九九一年に財団法人埼玉県埋蔵文化財調査事業団によって、四本竹遺跡の発掘調査が行われた。そこで確認された祭祀跡は、人為的に加工され粘土中に突き刺された竹七九〇本と、古銭四十七種九十七枚の出土である。

竹は、二間〜二間半×三間〜三間半の長方形範囲を四本の竹で囲ったと推察されるもので、北西側と南東側の大きく二つのブロックに分けて存在していた。これは、一回に四本の竹が使用されたとすると、最低でも一九七回の祭祀が行われたことになり、例えば隔年に一度祭祀が行われたとすると、鎌倉時代一三二五年にまで遡る計算であるという。古銭は、その鋳造年代によって大きく三つに分けられ、中国の唐銭・安南銭・北宋銭（六二一〜一一〇七年初鋳）五十七枚は、南東側ブロックの北側に多いが北西側ブロックを含め広い分布を示しており、南宋銭・明銭（一一二六六〜一四三三年初鋳）十二枚は、南東側ブロックの北側の北宋銭分布域より南東の狭い範囲に集中して分布し、寛永通宝二十六枚は、南東側ブロック南半分の狭い範囲に集中して出土している。

発掘調査成果からうかがえることは、まず竹ブロックが大きく北西側と南東側に分かれて出土していることから、おそらく祭祀が古い段階で一度途絶えたか、あるいは見沼の状況変化から祭祀場所をずらさざるをえなかったのではないかということと、古銭の出土状況からは、全体的に古い時期は北側を主な祭祀場として使用しており、時期が新しくなる程南東側に祭祀場を移動している傾向があり、とくに寛永通宝が使用される時期になると、南東側竹ブロックの南半分だけを祭祀場として使用しているという。

このように、見沼の御船祭は、長い時代の中で何らかの変遷があったことがうかがえるのである。

4　見沼御船祭の変遷

以上見てきたように、見沼が干拓されるまで行われてきた御船祭には、いくつかの変遷があったのである。よってここでは、その変遷について考察する。

民俗学の桜井満によれば、全国的に様々な形で伝承されている船祭りの民俗は、神霊を神幸船に乗せて海や川、陸を遊幸する行事であり、船が神々の世界とこの世との間を往来する神霊の乗り物であるとの考えによるものである。伊東久之による行事内容からの分類では、①水上で神をまつるもの、②船で御旅所に神幸するもの、③湾内などの域内を巡遊するもの、④船による競漕、⑤陸上を船の形をしたもので神幸するものなどに分けられ、実際はこれらの複合的な行事が多いという。

これらを念頭に入れて見沼の御船祭を見ると、まず注目されることは、氷川女體神社側の伝承や『新編武蔵風土記稿』の記述では、御船祭は、隔年の九月八日の女體神社の四本竹祭祀場における龍神祭祀は①ないし②に相当すると見られる。また中川氷川神社側の伝承や高鼻氷川神社の橋上祭は、同じ六月十四日ないし十五日を祭日としていることから、旧暦六月の水辺の禊ぎや祓えと関係する天王信仰系の船祭とも見ることもでき、また③の要素が見られる。とすれば逆に、六月の氷川女體神社では、現在も大祓えや人形流しの行事が行われているにもかかわらず、この時期の御船祭の伝承がないのは何故であろうか。つまり、見沼の御船祭の伝承は、①水上祭祀が強調された祭と、③沼内の巡遊を主要とされた祭の二つの形態が見られる。そしてこの二つの形態は、時代による変遷として捉えていくことができるのではないか。

一方、先に指摘したように、四本竹遺跡の竹検出状況からうかがうことができるのは、古い時代の北西側ブロックから南東側ブロックへの大きな変遷である。また古銭の出土状況からは、いくつかの変遷が考えられるが、全体的に見て四本竹祭場の位置が北西側から南東側に移動しており、また寛永通宝二十六枚の出土状況からは、おそらくこの最も南東の狭い範囲とその周辺が、寛永六年（一六二九）から享保十二年（一七二七）の御船祭終了までの見沼溜井時代における御船祭の四本竹祭場であると考えることができるのではないか。

5 結語

資料が少なくまだ不明な点が多いが、享保十二年の干拓まで行われていた御船祭にも、幾度かの変遷があったのである。それは、氷川女體神社に伝えられている隔年の御船祭の以前に、高鼻氷川神社、氷川女體神社、中川氷川神社の三社によって執り行われていた御船祭の可能性も考えられ、発掘調査成果からも大きな変遷があったことがうかがえるのである。

その要因としては、氷川神が、本来見沼に坐ます水の霊として信仰されていた時代から、神護景雲元年（七六七）に武蔵国造となった足立郡司丈部直不破麻呂によって祀られた時代への変遷、また高鼻氷川神社、氷川女體神社、中川氷川神社の三社をもって一座とされた時代、それぞれの神社の祭祀集団が独立していた時代、その他見沼溜井の造成などいくつかの変遷が考えられるのである。

注

（1）松長哲聖「奥氷川神社」（『猫の足あと・多摩地区寺社案内』「西多摩郡の神社」）
https://tesshow.jp/tama/wtama/shrine_oktama_okhikawa.html

（2）松長哲聖「中氷川神社（三ヶ島）」（『猫の足あと・埼玉県寺社案内』「所沢市の神社」）
https://tesshow.jp/saitama/tokorozawa/shrine_mikajima_naka.html

（3）この出典では、見沼の龍神の使いを海にすむ鯛としているが、別に同じような伝説が報告されていることから、鯉の間違いであると考える。
さいたま竜神まつり会『見沼と竜神ものがたり』さきたま出版会　二〇〇八年　三〇頁

第3章

見沼の弁財天信仰

第1節　見沼地域周辺の弁財天信仰の諸相

1　序

弁財天は、梵語でサラスバティ（Sarasvati）といって、もとはインドの川の女神であったが、仏教の天部の中に取り入れられて、妙音天や美音天などと訳されたり、弁才天または弁財天と称されたものである。その川の流れの音と関わって、音楽や弁才を司る神と信じられていたが、後に財宝や福徳を授ける神としてあがめられた。なかでも相模の江の島、近江の竹生島、安芸の厳島は、「日本三大弁天」として知られている。また弁財天の信仰は、特に真言密教の普及にともなって次第に民俗宗教と習合し、極めて多種多様な実態をあらわしており、本来水の神としての性格をそなえていたことから、しばしば龍蛇のイメージを示しながら、湧水や池沼、湖岸や海辺の島などに祀られることが多い。

このような弁財天の信仰は、多種多様な面を持ち、各地のいたる所の水辺に小祠等の形態で祀られていることから、日本人には極めて身近な神仏であるにもかかわらず、その研究はあまり進展していないようである。

一方、北はさいたま市から南は川口市にかけて広がっている見沼田圃は、もとは広大な沼であったものが、見沼溜井の造成、見沼代用水の開削といった江戸時代の二度にわたる新田開発事業によって生まれた（図1）。

この見沼田圃の周辺には、古くからの氷川信仰や新田開発に関わる龍神伝説などが伝えられており、それとともに、例えば「見沼の七弁天」をはじめとする実に多くの弁財天社が祀られ信仰されてきたのである。本稿では、この見沼地域における弁財天信仰を調査研究することにより、地域社会における水の神としての弁財天信仰の様相と特色、研究課題を明らかにする。

2　弁財天信仰の研究小史

ここでは、今までの弁財天信仰についての研究の概要を見ておく。

喜田貞吉は、弁才天が日本の古代の記録には少しも現れていないことを指摘し、我が国で最も古い近江の竹生島の弁才天について研究した。もとは浅井姫命という浅井郡地方の地主の姫神が、胆吹山の神と争って陸上から移り、琵琶湖の海中に島を造って住んだこと、そして大江匡房の『江談抄』の詩から、この姫神が弁才天になったこと、また、同様の形態をした相模の江の島弁才天は、養和二年（一一八二）四月に文覚上人によって密かに鎮守府将軍藤原秀衡の調伏を祈るため勧請されたこと、安芸の厳島明神の女神・市杵島姫命もまた弁才天として信じられるようになったことなどを指摘する。

群馬県の民俗研究者である今井善一郎は、赤城山西麓の「湧玉《わくたま》」と呼ばれる泉が湧出する所に弁天社が祀られていること、榛名山中腹の溜池にも、ツツミの守り神として小島が造られて弁天社が祀られていることなどを報告している。

宮田登は、弁才天への信仰は、その縁日が巳の日であることから、巳＝蛇つまり水の神の使命という感覚から発しており、災厄を払って運を改め直すという伝統的な考え方を背景とした巳に対する民俗的な信仰によって、著しく流行していったこと、江の島弁天が江戸中期頃に大流行したことなどを指摘し、「水際に祀られる女神が水の神の化身であり龍蛇を操る、こうした神格と真言宗との結びつきが、この信仰の謎を解く鍵だといえるだろう。」と言う。

歴史学では、圭室文雄による江の島弁才天の支配関係と開帳の研究、長谷川匡俊の「関東三弁天」の一つ下総の布施弁天の研究などがあげられる。

また笹間良彦は、本来インドの水の神で水の恵みによって生ずる豊穰至福を願う神であった弁才天は、日本では稲荷神や宗像三女神と習合し、日本独特の弁才天女への信仰が生まれて、民間信仰によって広く根強く尊信されてきたとして、数多くの弁才天を紹介している。

以上のように、これまでの弁財天信仰についての研究は、様々な面が指摘されてはいるが、未だ多くはない。地域社会に存在する数々の弁天社があまりにも数多く様々な形で存在しているためか、未だ研究されているとは言いがたい。本稿では、見沼地域に存在する数々の弁天社について紹介し、その様相や特色、研究課題を指摘する。

3 見沼地域周辺における弁財天

ここでは、見沼地域周辺に祀られている弁財天について、まず概要から見ていく。

表2は、必ずしも全てを網羅してはいないが、近隣地域の民俗誌から弁天社として報告されている三十三例を抽出したものである。

その大まかな所在地は、表2中、No.1・2・3は旧見沼溜井地域（見沼田圃）より北方に位置し、特にNo.1・2は、利根川から取水している見沼代用水路の重要箇所に鎮座している。No.18・19を除くNo.4～22の十七例が旧見沼溜井地域である見沼田圃に所在しており、No.18・19・23・29の四例は、見沼田圃の東側の大宮台地鳩ヶ谷支台を挟んだ谷に祀られている弁天社である。また、No.18とNo.24～33の十例は、寛永六年（一六二九）に川口市木曽呂からさいたま市緑区附島に造られた八丁堤より南方、つまり第一段階の伊奈氏による寛永の開発で田圃に

	祭祀年	由　緒	備　　考
	享保12年（1727）	井沢弥惣兵衛為永が見沼代用水元圦を築造後、水路の平安鎮護を祈願して勧請した。	下中条村の修験者金蔵院良謙が先達となり祭祀。見沼の七弁天の一つ。現在見沼土地改良区の管理。
	享保16年（1731）	星川と見沼代用水の兼用区間終点に位置し、見沼代用水の用排水調節の要となる場所に祀られる。	見沼の七弁天の一つ。現在見沼土地改良区の管理。
	天文5年（1536）頃	『新編武蔵風土記稿』に「村内に弁天社あるを以って村名は起れりと云」とある。	天文5年（1536）別当寺昌福寺開山和尚寂する。
	安永6年（1777）以前	社殿内石祠に「辨財天　安永六丁酉四月吉日　松永孫三良」と刻まれている。	見沼の七弁天の一つ。1月25日に弁天講を行う。
			高鼻は見沼低地に突き出た大宮台地で、古代からの湧水地。見沼に注ぐ。
		付近の熊野修験大日堂は井沢弥惣兵衛為永が最初に工事詰所をおいた場所。	明治40年に合祀。
		もとは程島の無各社で、7月14日に弁天講を行っている。	明治42年に合祀。
		見沼溜井開発の数十年前の延宝年間に開田され見沼干拓の発端となった場所。	見沼の七弁天の一つ。現在見沼土地改良区の管理。
	享保16年（1731）	加田屋新田を開発した坂東家が祀る。	見沼の守り神。明治29年（1896）に再建。
	宝暦10年（1760）	享保13年（1728）の見沼干拓によって造成された新田。大宮宿本陣の内倉新右衛門が開発。	見沼の七弁天の一つ。「お宮弁天」の伝説が伝えられている。
		宮城県金華山の弁財天画（大正2年8月複製）。	4月と11月に弁天講を行う。
			脇には茶筒程の大蛇がとぐろを巻いていた。
		安芸の宮島の弁財天を勧請	享保13年（1728）奉納の石灯籠。
	天正19年（1591）	南中野・大橋亟右衛門の14代前の先祖が、旗本青木氏とともに移入した時、近江国から持ってきた。	旱魃には弁天様の前で雨乞いをした。
		対岸の下木崎の弁天様と一対をなす。	見沼の七弁天十四社の一つ。
	元文年間（1736～41）		市川家は上木崎村の名主。井沢為永を深く崇敬した。
		蛇神を祀る。代山城の裏鬼門にあたる。弁天堀には寛延2年（1750）の石橋。	4月9日が祭礼日。社殿の駆足3周で蛇が出る。名主厚沢家は元修験者。
			弁天屋敷（「ベテーテン」）の地名あり。
		増田弥八の先代が祀ったのが始まり。戦後農地解放で井上家が所有。	見沼の八弁天の一つ。夜弁天様の主（大蛇）が出現。

表2　見沼地域周辺の弁財天社一覧

No.	呼称	社名	所在地	場所	信仰者
1	樋守弁財天		行田市大字下中条	見沼代用水元圦の吐き口東岸	
2	見沼弁財天（星川弁天）		久喜市菖蒲町上大崎	十六間堰ほとり	
3	弁天社		上尾市小泉	八合神社（明治に合祀）	旧弁財村
4	土呂弁天社	宗像神社	さいたま市北区土呂	弁天耕地	弁天耕地の氏神
5	弁天様	宗像神社	さいたま市大宮区高鼻町	大宮氷川神社境内の神池	
6	弁天様	宗像神社	さいたま市大宮区天沼	天沼神社境内	
7	弁天社	厳島社	さいたま市見沼区小深作	神明神社。見沼代用水東縁の西岸	
8	見沼弁財天（溜井弁天）		さいたま市見沼区加田屋新田	見沼溜井の北端。見沼代用水東縁の西岸	
9	加田屋弁財天		さいたま市見沼区加田屋新田	見沼代用水東縁の西岸	坂東家
10	見沼弁財天（お宮弁財天）	宗像神社	さいたま市見沼区新右衛門新田		旧新右衛門新田村
11	片柳沖郷の弁財天	（宮城県金華山）	さいたま市見沼区片柳	万年寺南側の崖縁	沖郷38軒
12	西山村の弁財天		さいたま市見沼区西山新田	ドブッ田の中の桜の根元にある浮島	
13	御蔵の弁財天	厳島神社	さいたま市見沼区御蔵	弁天山崖縁の湧水池	
14	中野の弁財天	宗像社	さいたま市見沼区中野	大橋家屋敷内（以前は東新井団地寄りの崖縁に所在）	
15	中川の弁財天		さいたま市見沼区中川	松沢氏宅（元は円蔵院下の砂村分水路の脇に所在）	
16	井沢弁天	井沢社	さいたま市浦和区上木崎	見沼代用水西縁の近く	市川家（屋敷神）
17	弁天様	宗像社	さいたま市緑区宮本	氷川女體神社磐船祭場	
18	代山の弁天様	厳島神社	さいたま市緑区代山字後谷津	見沼の東岸尾根の向こう側。弁天耕地	旧代山村
19	弁天様		さいたま市緑区大門	大興寺東側の白山山	
20	間宮の弁財天		さいたま市緑区間宮	見沼代用水東縁東岸の弁天島	井上家

	祭祀年	由　緒	備　　考
		見沼の龍神の鱗がご神体と伝える。沼であった頃の「弁天と馬子」の伝説あり。	見沼の三弁天の一つ。
	明治2年 (1869)	石塔に「明治2年7月18日、大弁財天女　開眼主中尾前、妙音院順説誌・・、願主守谷惣吉他二人」とあり。	石塔と人頭蛇体石造物。
			大宮台地の東崖縁。湧水あり。以前は南方にあった。
	寛政6年 (1794)	石祠「寛政六年二月、奉遷宮辨財天女、武州足立郡赤山領安行村、導師行峰院栄信代、講衆惣村中」	大宮台地の東崖縁。湧水あり。
		上野不忍池弁財天より勧請。	赤山龍三駄坂の伝説と関係あり。植木屋の弁天講。
			人頭蛇体の石造物。
			修験者が祭祀。
	寛文9年 (1669)	旧裏寺村弁天池に祀られた石祠。摘田稲作に利用された湧水池。	市指定史跡。
	寛政11年 (1799)	石祠に「寛政11年、弁財天」とあり。	
		神社前にあった、用水が流れ込む大きな池に祀られていた弁天社。	池は道路敷設時に埋められ、弁天社は境内に移転。
			辰井堀は見沼代用水東縁から分流している。
		石祠に「井水弁財天、矢野重造」とあり。	石祠と蛇体石造物2基。

(18)　美園郷土史の会「第2号・大門・野田地区の寺社について」『美園郷土史の会記録集』所収、1993年、前掲（3）146～147頁
(19)　前掲（18）美園郷土史の会「第4号・寺、古い地名、なまり言葉、その他」
(20)　浦和市『浦和市史調査報告書』第九集 1979年、168頁、前掲（19）「第3号・大門・野田地区の寺社と石仏について」
(21)　早船ちよ・諸田森二『埼玉の伝説』1977年、浦和市『浦和市史・民俗編』1980年、799～800頁、川口市『川口市史・民俗編』1980年、930～931頁
(22)　川口市教育委員会『川口市文化財調査報告書』第三集 1975年
(23)　前掲（22）
(24)　前掲（22）
(25)　前掲（22）
(26)　川口市教育委員会『ふるさと川口の祈りのかたち―蛇と水の民俗世界―』2016年、7頁
(29)　川口市立文化財センター URL http://www.kawaguchi - bunkazai.jp/center/bunkazai/CulituralProps/bunkazai_133.html
(30)　前掲（22）
(31)　前掲（3）52～53頁
(32)　前掲（3）56～57頁
(33)　前掲（22）（26）

No.	呼　称	社　名	所　在　地	場　　所	信仰者	
21	見沼弁天 (山口弁天)	厳島神社	さいたま市緑区下山口新田	見沼代用水東縁東岸		
22	弁天様	「大弁財天女」	川口市東内野	羽黒神社（旧長福寺）境内		
23	弁財天		川口市戸塚	西光院弁財天堂。根井堀用水西岸		
24	平岡弁財天		川口市安行領家	赤堀用水西岸		
25	弁天様	蓮上弁財天	川口市安行領家	興禅院の東。赤堀用水の西岸		
26	弁天様		川口市上青木	芝川の西岸。専称寺境内		
27	弁財天社		川口市青木	芝川の西岸。青木氷川神社境内		
28	弁財天社		川口市鳩ヶ谷本町	見沼代用水東縁東岸。鳩ヶ谷氷川神社境内		
29	弁天様		川口市桜町	大宮台地東側の谷		
30	弁財天		川口市赤井	見沼代用水東縁西岸。赤井氷川神社境内		
31	弁天様	厳島社	川口市江戸	江戸袋氷川神社境内		
32	弁天様	厳島神社	川口市東本郷	辰井堀に隣接。氷川神社境内		
33	井水弁財天		川口市本蓮（蓮沼）	見沼代用水東縁西岸。普門寺境内		

〈表２の出典〉

（１） 見沼代用水土地改良区『見沼代用水路普請奉行・井澤弥惣兵衛為永』2010年、12 ～ 13頁
（２） 前掲（1） 14頁
（３） 埼玉県神社庁『埼玉の神社（北足立・児玉・南埼玉）』1998年、420 ～ 421頁
（４） 前掲（3） 234 ～ 235頁、『新編武蔵風土記稿』第7巻 1996年、雄山閣出版、355頁
（５） 前掲（3） 286 ～ 293頁
（６） 前掲（3） 202 ～ 203頁
（７） 前掲（3） 238 ～ 239頁
（８） 前掲（1） 14頁
（９） 大宮市教育委員会『大宮をあるくⅠ～東部編～』1988年、83頁。『片柳のむかし』刊行委員会『郷土をつづる・片柳のむかし』1988年、38 ～ 39頁
（10） 前掲（3） 312 ～ 313頁、前掲（9）『片柳のむかし』刊行委員会、40 ～ 41頁
（11） 前掲（9）『片柳のむかし』刊行委員会、39頁
（12） 前掲（11） 39 ～ 40頁
（13） 前掲（11） 40頁
（14） 前掲（11） 40頁
（15） 前掲（11） 41頁
（16） 前掲（1） 11頁
（17） 前掲（3） 176 ～ 179頁

なった地域の弁天社である。

これらの「弁天様（社）」と称される神社や祠のうち、社名が明らかなもので多い神社は、宗像神社が六社、厳島神社が六社となっている。

村の鎮守として祀られている弁財天は№３・４・10の三例、明らかに個人の家によって祀られているものは№９・15・16・19・20・29の六例、神社境内にある弁財天は№５・６・７・17・22・27・28・30・31・32の十例と多く、現在寺院によって管理されている弁財天は№23・25・26・33の四例であるが、明治以前の神仏習合を考えると、当時はより多かったと思われる。

№１・２・８の三社は見沼代用水土地改良区が管理している。また№11・12・13・18・21の五例は村や地域が管理する小祠で、明治期以来の合祀を考えると、かつてはこの形態が現在より多かったと推測される。このように弁財天の祭祀形態は実に様々である。

三十三例の中で祭祀年代が判明するものは少なく、№３の天文五年（一五三六）頃が最も古く、次いで№14の天正十九年（一五九一）、№29の寛文九年（一六六九）があり、見沼代用水が引かれた享保年間（一七一六～三六）頃のものが六例と多い。また、祭祀に修験者が関与しているとうかがえる例が№１・16・18・27の四例見られた。

以上のように見沼地域周辺に祀られた弁財天社には、様々な形態を見ることができる。

4　「弁財」という村

芝川・見沼代用水西縁の北方に所在する上尾市、中山道が通る台地を挟んで西側に、「弁財村」という村があった。『新編武蔵風土記稿』巻之百四十七、足立郡之十三によれば、この村は、「村内に弁天社あるを以って村名は起これりと云」とあり、「天水の地にして常に旱損あり」と記されている。また参考として、鎮守弁財天社の別当は、大谷山昌福寺と称する曹洞宗寺院で、開山和尚が天文五年（一五三六）に寂している。

隣村の小泉は湧水の存在が記されていることから、おそらく弁財村は、古くから天水と湧水によって水田耕作を営むことができた村であり、検地も元和二年（一六一六）という早い時期に行われている。

弁財村の鎮守弁財天社は、明治四十年（一九〇七）には、付近の六村とともに小泉の村社氷川神社に合祀され、現在は八合神社に祀られている。表2の№3の弁天社である。

周知のように我が国には、「弁天島」・「弁天池」などと称して、弁財天に関わる地名は多い。しかしなぜ、弁財天が単なる地名だけではなく、村の名前になりえたのであろうか。少なくともこの事例は、弁天社の勧請と弁天信仰が、すでに戦国から江戸時代の早い時期に行われていたことを示している。また、弁財天が、村の鎮守となり、村名として村の一つの個性になったことを考えれば、当時はまだ今日のように小祠や屋敷神などとして、数多くの弁財天が祀られ信仰されてはいなかったのではないか。このように考えると、この周辺地域では、弁財村がおこった当時が、弁財天信仰が庶民の地域社会に浸透していった最初の頃なのではないかと考える。

参考までに、同様の「弁財村」という村が、旧妻沼町（現・熊谷市）に存在する。『新編武蔵風土記稿』巻之二百二十九、幡羅郡之四には、「当村弁財天の古社有りしより村名起ると云、（中略）検地は貞享元年なり」とあり、また「弁財天社　村名なりしを見れば、古社なるべけれんと伝えを失う、薬王寺持」とされ、別当である薬王寺は、「古義真言宗、上野国邑楽郡赤岩村光恩寺末、弁財山醫王院と号す、本尊薬師を安ず」とある。これについても上尾の旧弁財村と同様なことが推察されるのである。

5　見沼周辺の湧水池などに祀られた弁財天

見沼地域周辺から収集した三十三例の弁財天社の全ては、必ずしも見沼や見沼代用水と関わるものではない。

表2のNo.13御蔵の弁財天は、弁天山の崖縁に水の湧き出る池があり、どんな旱魃の時でも水

が枯れることはなかった。この池の中に、大小二つの島があり、弁財天は大きな島に祀られている。

No.23西光院弁財天堂は大宮台地東側の崖上にあるが、昔からこの付近の崖下には各所に水が湧いており、この弁財天は、もとは南方の湧水の傍に祀られていた。その少し東には見沼溜井から引水した根井堀用水が流れる。

No.25興禅院の境内にある蓮上弁財天は、大宮台地東側の崖下の湧水池に祀られており、その東を見沼溜井から引水した赤堀用水が流れる。上野不忍池の弁財天より勧請したと伝えられているが、伊奈氏の家臣藤田某が赤山陣屋の沼で切り捨てた大蛇の頭蓋骨を祀ったものであるとも伝えられている。毎年五月九日の縁日には、何軒かの植木屋たちによって弁天講が行われる。

その他No.3・5・24・28・29も同様であり、これら八例は、いずれも台地と低地に挟まれた谷に湧いた湧水池に水の神として祀られた弁財天であり、大宮台地周辺に見られる地形的・環境的特色を背景とした信仰であると考える。

また、江戸時代初期から伊奈氏によって先導された利根川東遷と荒川西遷に代表される治水事業と各所の新田開発事業によって、低湿地が新田に生まれ変わっていく長い過程には、見沼溜井の他にも、数多くの池や沼が存在していた。No.31やNo.32は、祀られている地形や地名から見て、そのような池に水の神として祀られた弁財天であると思われる。

このように見沼地域周辺では、弁財天が水の神として祀られているが、全てが見沼に関わるものではなく、湧水に関わるものや他の池・沼に関わるものがあり、少なくともそれら三つのタイプが地域に共存しているのである。

6 見沼開発に関わる弁財天

見沼とその開発との関わりが強い弁財天は、No.1・2・4・8・9・10・15・16・17・20・21の十一例をあげることができる。ここでは、見沼に関わる弁財天を見ていく。

まず、見沼代用水土地改良区によれば、井沢弥惣兵衛為永は、享保の見沼開発の際に、水路沿岸要所に弁財天社を勧請し灯明料を寄進して、水路の平安と豊作を祈願したと伝えられている。また、さいたま市の「見沼の七弁天」説明板によれば、見沼に沿って七つの弁天社が祀られているため、これらは総称して「見沼の七弁天」と呼ばれ、見沼に面した台地の各所に社があって、「弁天下」などの地名も残っているというが、どの社をもって七弁天とするかは定かではないという。

No.1行田市大字下中条にある樋守弁財天は、もとは利根川からの見沼代用水路の吐き口という要所に祀られていたもので、現在は元圦公園内に井沢弥惣兵衛為永を祀る井沢祠と合祀されている。記録からこの弁財天は、井沢弥惣兵衛為永が、享保十二年（一七二七）の見沼代用水元圦の築造後に、地元の修験者金蔵院良諶の先達により、平安鎮護を祈願して勧請したものである。当弁財天の祭祀に、修験者が関わっていることは興味深い。

№2久喜市菖蒲町上大崎の星川弁天は、見沼代用水路の星川との兼用区間終点に所在し、用排水調節の要である十六間堰のほとりに祀られている。享保十六年（一七三一）頃の創建と伝えられる。№8さいたま市見沼区加田屋新田にある溜井弁天は、見沼溜井の北端にあたり、当地が延宝年間（一六七三〜八一）に開田され、見沼干拓の発端となった由緒ある場所として祀られた（写真16）。この三社は、いずれも別名「見沼弁財天」とも称され、享保年間（一七一六〜三六）の井沢弥惣兵衛為永による開発を契機に祀られたものとして、「見沼の七弁天」に数えられており、現在は見沼代用水土地改良区の管理である。

この他、№4北区土呂の鎮守・土呂弁天社、№10見沼区新右衛門新田の鎮守で見沼の龍神伝説を伝える通称「お宮弁天」、向こう岸の浦和区下木崎の弁天様と一対であるという№15見沼区中川の弁財天は、それぞれ「見沼の七弁天」に該当すると伝えている。

また、№20緑区間宮の弁財天は「見沼の八弁天」の一つに数えられると伝え、№9加田屋弁財天は加田屋新田を開発した坂東家が享保十六年（一七三一）に祀った「見沼の守り神」であるとされ、№21緑区下山口新田の山口弁天は「見沼三弁天」の一つであると伝えており、馬子と見沼の龍神伝説を伝えている。№16井沢弁天は、浦和区上木崎の井沢弥惣兵衛為永を深く崇敬していた元名主市川家の屋敷神となっている。

なお、社殿や祠という形態ではないが、第1章第1節で紹介したさいたま市緑区大崎の國昌寺（曹洞宗）は、見沼を見下ろす台地上に所在し、左甚五郎作と伝える龍彫刻をおさめた開かずの門の伝説で知られているが、寺宝として中興開山大雲文龍（元和三年・一六一七年寂）筆の「弁財天号掛

写真 16. 溜井弁天（見沼区加田屋新田）

軸」を所蔵する。これは、天地三九センチほどの小品であるが、「大弁才天・大日輪・大月輪」と大書きされた幅物で、さいたま市有形文化財にも指定されている。この掛軸は、その制作目的はいまひとつ不詳であるが、その色焼けしているところを見ると、常に寺内に掲げられていたものと推察され、やはり信仰対象とされてきたことがうかがえる。つまり、見沼の龍を封じ込めた伝説を伝える寺院も、弁財天を信仰してきたのである。

以上のようにこれらの弁財天は、水の神として祀られ信仰されてきたのではあるが、「見沼の七弁天」と称されている弁財天をはじめとして、井沢弥惣兵衛為永や新田開発、見沼の龍神に深く関わっているのである。

7 氷川信仰と弁財天

この地域の弁財天は、№10新右衛門新田のように鎮守であることもあるが、多くは小祠として祀られており、鎮守の境内社となっていることも多い。また、宗像神社や厳島神社、宮城金華山や上野不忍池の弁財天など、ある時代に勧請されたものであろう様々な弁財天が祀られ、「弁天様」と称されている。とくにこれらの弁天社は、氷川神社の境内社となっている場合も多く、神社の外に祀られていた小祠を合祀した例も少なくない。表2の№3・5・17・27・

28・30・31・32が、現在氷川神社の境内社である。

№5さいたま市大宮区高鼻町に鎮座する氷川神社は、武蔵国一の宮であり、境内の神池に宗像神社を祀っている。「氷川大宮縁起」によれば、第五代孝昭天皇の御代三年四月未の日、出雲国、氷の川上に鎮座する杵築大社を遷して氷川神社の神号を賜ると伝えている。氷川は、出雲国の大河である肥河（現・斐伊川）に由来するという。この氷川神社は、芝川の右岸、見沼の奥まった低地に突き出た大宮台地上の「高鼻」に鎮座する。ここは古代からの湧水地であり、ここから湧き出る清冽な水は、いつも絶えることがなく、境内の蛇の池から神池に入り、さらに神沼である見沼に注ぐ。つまり氷川神は、見沼をはじめとする低地をおさめるための、谷津に坐す水を司る神であったのである。そして氷川は、周辺の数多くの地域社会に鎮守神として祀られていった。また、紀州熊野三所権現の影響があり、見沼のほとりに、大宮区高鼻の氷川神社（男体社）と緑区宮本の氷川女體神社（女体社）、見沼区中川の中山神社（簸王子社）の三社が一体となって氷川明神と称し、見沼を祭祀していたとされる。しかし、氷川女體神社が鎮座する宮本は、「三室《みむろ》」の地名があり、これは御室すなわち神が鎮座する場所を意味しており、見沼は御沼であって、当地には、出雲国から氷川信仰が入ってくる以前から、産土神として、見沼の安定を祈る水の女神が祀られていたとも言われる。このように考えると、もともと水の女神が信仰されていた見沼に、古代に出雲国から水を司る氷川信仰が取り入れられた後、おそらく主としては近世になって弁財天信仰が盛んに取り入れられたのであろう。元来の水の女神への信仰の上に、氷川と弁財天の二つの外来信仰が仲良く共存しているところに、見沼地域の水の神信仰の特色があると考えられ、その新旧の信仰を重層的に伝えている点では、日本人の民間信仰における特色の一面を示していると言ってもよいのではないか。

また、緑区宮本の氷川女體神社では、享保年間（一七一六～三六）の見沼干拓まで、隔年の九月八日に、神社から御輿を乗せた御座船が見沼を南下し、「四本竹」と称する御旅所で瓶子に入れた神酒を沼の主である龍に供献する「御船祭」が行われており、これは少なくとも中世にまで遡る行事であるという。これと同様な御船祭が、見沼ではなく、さいたま市西区島根の氷川神社でも行われていたことが、神官の文書に記されている。それによると、すでに正保三年（一六四六）には廃止されていたが、「村々氏子役人どもあつまり関川まで御輿出し舟遊び、慈宝院弁財天にて御神供そなえ、みこ神楽あげ、御神供神酒を氏子頂戴いたし、それより諏訪ノ原に上り、社内に御入遊ばされ候」（傍線筆者）とある。

この事例から指摘できることは、御船祭という祭祀形態が、見沼に特有と言うよりもむしろ、氷川信仰に関係する行事である可能性も考えられることと、なぜこの古式とされる神事の中に弁財天が重要な役割を担っているのかという疑問の二点であり、今後の課題としたい。

8　結語

以上のように本稿では、見沼周辺という地域に限定して、弁財天信仰について事例を収集し分析を行った。

その結果、当地域の弁財天には、鎮守・小祠・屋敷神・掛軸など様々な祭祀形態があり、早い時期では近世初頭に庶民に入り村名にもなった例があること、水の神としての性格は広く認められ、湧水池に祀られる弁財天や周辺の池沼に祀られる例、新田開発に関わる弁財天の三つの形態が見られ、それらが共存していることが確認できた。またそれは、それぞれが地域の特色に基づいているものと思われ、とくに新田開発に関わる弁財天や「見沼の七弁天」と称される社、龍神伝説を伝えている弁天社など、見沼に特徴的な弁財天信仰が展開されているということができる。これらは、日本人の水の神への信仰の変遷を考えるうえでも重要なのではないか。最後に、古代以前から存在していた水の女神への信仰に対して、古代に出雲から移入された氷川信仰と、後世に取り入れられた弁財天信仰が共存していることも大きな特色と言えるのではないか。

第2節　「見沼の七弁天」考

1　「見沼の七弁天」と伝えられる弁財天

見沼田圃の周辺には、新田開発に関わる龍神伝説とともに、「見沼の七弁天」と称する弁財天が祀られ信仰されてきた。しかし実際は、見沼を愛する人に多くの関心が持たれているにもかかわらず、実際どの弁天社がこの七弁天に該当するのかも分からず、これに関する研究論文もほとんどない。本稿では、「見沼の七弁天」とは何かについて考察する。

見沼周辺に祀られている数多くの弁財天は、鎮守・小祠・屋敷神など様々な形態をとっており、水の神としての性格は広く認められるが、湧水池に祀られる弁財天、他の池沼に祀られる弁財天、新田開発に関わる弁財天の大きく三つの形態が見られ、それらが共存している。

一方、見沼代用水土地改良区によれば、井沢弥惣兵衛為永は、享保の見沼開発の際に、水路沿岸要所に弁財天社を勧請し灯明料を寄進して、水路の平安と豊作を祈願したと伝えられている。またさいたま市の説明板によれば、見沼に沿って七つの弁天社が祀られているため、これらは総称して「見沼の七弁天」と呼ばれているが、どの社をもって七弁天とするかは定かではないという。このことを踏まえた上で、見沼開発に関わる弁財天を見ていく。表2を参照していただきたい。

№1行田市大字下中条にある樋守弁財天は、もとは利根川からの見沼代用水路の吐き口という要所に祀られていたもので、現在は元圦公園内に、井沢弥惣兵衛為永を祀る井沢祠と合祀されている。記録からこの弁財天は、井沢弥惣兵衛為永が、享保十二年（一七二七）の見沼代用水元圦築造後に、地元の修験者金蔵院良諶が先達を務め、平安鎮護を祈願して勧請したものである。№2久喜市菖蒲町上大崎の星川弁天は、見沼代用水路の星川との兼用区間終点で、用排水調節の要である十六間堰のほとりに祀られており、享保十六年（一七三一）頃の創建と伝えられる。№8さいたま市見沼区加田屋新田にある溜井弁天は、見沼溜井の北端にあたり、延宝年間に開田された所で、見沼干拓の発端となった由緒ある場所として祀られたものである。この三社は、前節においても紹介したが、いずれも別名「見沼弁財天」と称され、享保年間の井沢弥惣兵衛為永による開発を契機として祀られたものとして、見沼の七弁天に数えられており、現在は見沼代用水土地改良区に管理されている（写真16）。

№4北区土呂の鎮守・土呂弁天社は、宗像神社が祀られているが、見沼の西岸に所在し、現地の説明板に「古来『見沼七弁天』の一つと称され、土呂の弁天耕地住民の氏神として尊信されてきた」と記されており、一月二十五日に弁天講が行われている。そもそも宗像神社が弁財天として祀られることが多いのは、古くから福岡県宗像郡に所在する宗像神社が、宗像三女神（田心姫命・瑞津姫命・市杵島姫命）を祀り大いに海洋民族に信仰されてきたが、神仏習合の時代になって、水辺に祀られることの多い弁財天が市杵島姫命に習合していったためである。

№10見沼区新右衛門新田は、享保十三年の見沼干拓によって造成された新田であり、村名は開発者内倉新右衛門の名をとったもので、弁財天社を鎮守としている。当社は、宝暦十年（一七六〇）の創建と伝えられ、見沼の七弁天の一つとされてきたが、明治の神仏分離によって宗像神社に改称された。また当社は、別名「お宮弁天」とも称され、見沼の龍神伝説を伝える（写真17）。

№15見沼区中川の弁財天は、かつては円蔵院下の砂村分水路の脇に祀られていたとのことで、向こう岸の浦和区下木崎の弁天様と一対となっており、「見沼七弁天十四社」の一つとされる。ただし「見沼七弁天十四社」は、七つの弁天がいずれも対であると認識されているのであり、当初言われた「見沼の七弁天」の七社が分からなくなった後に言われた可能性が考えられる。見沼の七弁天と伝えているのは以上の六社である。

2 見沼の要所に祀られた弁財天

次に、前節においても触れたが、はっきりと「見沼の七弁天」とは言われていないが、古くから見沼の要所に祀られている由緒ある弁財天について見ておく。№20緑区間宮の弁財天で、「見沼の八弁天」の一つであるという。地元では見沼の弁天様と称され、弁天島の浅間様の隣に祀られていたが、増田弥八という人の先代が勧請したと伝えられる。

次に、№9加田屋弁財天は、見沼代用水東縁沿いの加田屋新田を望む一角に祀られ、加田屋新田を開発した坂東家が享保十六年に祀った社で、見沼の守り神とされる。№21緑区下山口新田の厳島神社、通称

写真 17. お宮弁天（見沼区新右衛門新田）

写真 18. 山口弁天（緑区下山口新田）

「山口弁天」は、見沼代用水東縁が八丁堤の東端のそれまで見沼溜井から引水していた旧東四カ領用水路に接続する要所の台地に祀られており、別名「見沼弁天」とも称され、「見沼の三弁天」の一つとされている（写真18）。

またこの弁財天は、馬子と見沼の龍神の伝説を伝える。No.9とNo.21は、見沼代用水路および見沼溜井の要所に祀られており、伝えられた伝説から創建も古い可能性があると思われ、見沼開発に関わる事象を伝えているという観点からすれば、見沼の七弁天であると伝えてはいないが、この二つの弁天社も、もとは見沼の七弁天に数えられていた可能性があるのではないか。

なお、№16井沢弁天は、浦和区上木崎の見沼代用水西縁近くにあり、井沢弥惣兵衛為永を深く崇敬していた元名主市川家の屋敷神で、元文年間の創建と言われている。№17については、緑区宮本の氷川女體神社の磐船祭祭祀場の一角に祀られており、宗像社と記され神体は蛇と伝えられるが、今のところ詳しいことは不明である。

3「見沼の七弁天」考

以上のように、見沼の七弁天の候補とも言うべき見沼開発に関わる弁天社について見てきた。先に紹介した「日本三大弁天」の他、「日本五大弁天」、「関東三弁天」、「江戸の六弁天」、また弁財天以外の神仏においても例えば、「関東三大師」などにも見られるように、おそらく「見沼の七弁天」は、ある時代における見沼を代表する七社の弁財天社を総称したものであると思われる。したがって「見沼の三弁天」や「見沼の八弁天」と言われるのも、おそらく時代や地域による変遷と考える方が妥当であり、どれが正しいか間違いかというものではあるまい。また、厳密に言ってどれが七弁天に該当するかを示す証拠もない。

しかし、その中にあって見沼地域の弁財天信仰の大きな特徴は、井沢弥惣兵衛為永が、享保の見沼開発の際に水路沿岸要所に弁財天社を勧請し灯明料を寄進し、水路の平安と豊作を祈願したことをはじめ、見沼溜井時代に大きな支配力を持っていた龍神との関係を絶ちこれを鎮め、地域の平和を祈ったという弁財天信仰なのであろう。そして、その信仰が人々に最も大きな威力を持っていた時代に、代表するとされていた弁財天社が「見沼の七弁天」であったのではないか。

水際に祀られる女神である弁財天は、見沼周辺においても村人の生活に大変大きな役割を果たしてきた。このことは、日本人の水の神信仰の変遷を考えるうえでも重要なのである。

第3節　見沼の龍神と弁財天社縁起

1　見沼の龍神と山口弁天

ここでは、見沼開発に関わっている弁財天について詳細に分析するために、弁財天社に伝承された見沼の龍神の伝説を見ていく。

まず、さいたま市緑区下山口新田に祀られている厳島神社「山口弁天」について、当地に伝承されている「馬子と弁財天」という伝説が『浦和市史・民俗編』に報告されている（写真18）。

下山口新田のある家の馬子が千住からカラ馬を引いて帰ってくる途中、西新井宿（現・川口市）までくると、前方に旅姿の美女が疲れた様子で歩いているのを見かけた。夏の午後のことであった。馬子がこの美女に声をかけると、美女は、木曽呂橋（山口橋）あたりまで行きたいが、日のあるうちに行けそうもないので馬に乗せてほしいと言った。馬子は快く馬に乗せ、やがて木曽呂橋に着くと、美女はお礼を言い、桐の小箱を馬子に差し出し、この箱はどんなことがあっても開けて見てはならないと言い残し、見沼代用水の彼方に姿を消した。馬子は家に帰るとこのことを主人に話し、この箱を差し上げた。同家では、この箱を持つようになってからは喜び事が続き、家は栄えた。ところがある時、不思議なもの見たさに主人は、ついにこの箱を開けてしまった。中には、小判大のウロコ一枚が入っていただけであった。そして同家は、この時を境に不幸が続き、下山口新田はいうまでもなく見沼一帯が風雨に見舞われることが多く、人々は大変困った。村人たちは、あの美女は龍の化身であったのではないか、箱を開けたことを怒っての仕打ちと思い、龍神を慰めるために、美女が消えたあたりに龍神を祀ることにした。以後同家の不幸も去り、見沼新田一帯は豊作が続いたという。この社が山口弁天であるという。

この伝説は、山口弁天の祀られた縁起を語っているが、大意としては、見沼の龍神との遭遇によってはじめは幸運を受けていたが、小箱を開けることで龍神の意に背いて不幸（龍神の祟りか）に見舞われたことから、弁財天として祀ったのである。

これと少々違いもあるが類似した伝説は隣の川口市東内野や差間にも伝承されており、先に第1章第3節の事例10・11に紹介した。『川口市史・民俗編』によれば、「内野村の蓮見左之次郎が千住大橋から若い娘を馬の背に乗せ、山口弁天の所で降ろし、決して中を見るなと言って紙包みを渡される。思い切って紙包みをあけると、二銭銅貨くらいの大きさの蛇のウロコが二枚入っており、村人は、さては見沼開発後、印旛沼に移ったといわれた見沼の主の大蛇が懐かしくなって帰ってきたのだろうと噂したものだ」という。これは、娘（見沼の主の大蛇）と遭遇した時にはすでに山口弁天が祀られていること、見沼の主（ここでは龍神と呼んでいない）の意に背いても祟りなどがないこと、主である大蛇は印旛沼に移ったとされていることなどから、下山口新田の話よりも後世に変化をした話なのではないかと思われる。また川口市差間に伝わる話では、車夫が人力車で美しい娘を印旛沼まで乗せたことになっている。

これらの伝説に対して、もう一つ類似した山口弁天の縁起が早船ちよによって報告されている。それは、まだ見沼が沼地であった頃の話で、馬方の平吉が、千住市場へ野菜を運んだ帰り道、名主の末娘茅野への土産も買って上機嫌でいたところに、西新井宿から木曽呂橋まで馬に乗せた旅姿の若く美しい娘に恋をしてしまう話である。木曽呂橋のたもとに着くと、お礼を言って、娘は満々と水をたたえている見沼の沼の上を、まるで道を歩くように、すすすぅーっと歩いて消えていったという。平吉は、再びその娘に逢いたくて、篠竹で笛をつくり、木曽呂橋の上に立って手作りの笛を鳴らして祈った。そして満月の晩、橋の上で平吉が笛を吹いていると、笛の音に合わせて琵琶を鳴らしながら、このあいだの娘が見沼の水の上をすべるようにして近づいてきた。娘は、このあいだのお礼にと、決して蓋を開けるなと言って、玉手箱を差し出した。それからというもの平吉は、幸運ばかりが続き、あっという間に村で指折りの金持ちになった。しかしあるとき、平吉は玉手箱の蓋を開けてしまう。すると、中から白い蛇が一匹這い出して、見沼の水の中へ消えていった。玉手箱には、金色のウロコが一枚残っていた。平吉は、「このウロコは、見沼の守り神の龍神のものに違いない。それでは白い蛇は、若い娘の化身か、龍神の使い女か」と悩んだ。それからというもの平吉は、もとの馬方にもどっていった。しかしその後、平吉に恋焦がれていた名主の末娘茅野は、身分は違っても親の反対を押し切り、平吉に嫁入りすることになった。平吉は、村人たちや茅野の父親とも相談し、見沼べりに社を建て、ウロコの入った玉手箱をご神体として祀ることにした。これが下山口村の弁財天社の起こりであるという。

この話は、前の二つの伝説に比べると最も古態を示す伝説であると思われる。それは、見沼が沼であった時代の話で、琵琶を持った美しい娘、つまり馬に乗せた娘は弁財天女なのであり、見沼の龍神と関係があること、この交渉は大きな繁栄をもたらし、とくに弁財天女との恋愛は大きな魅力があること、最後に「見るなの約束」に背いて関係が切れたことなどを物語っているからである。つまりこれは、神話において、禁じられたのぞき見によって海神の宮との絶縁が語られる話と同様なものと考えることができる。

2　見沼の龍神とお宮弁天

次に、さいたま市見沼区新右衛門新田の宗像神社に「お宮弁天」という見沼の龍神に関わる伝説が伝えられている（写真17）。

この地を開拓した大宮宿の新右衛門にお宮という美しい娘がいた。お宮は、別名「見沼小町」と呼ばれ、嫁入りの話も降るほどあったが、お宮には真蔵という愛しい若者がいたので、どの嫁入りの話にも耳をかさなかった。ところが娘は、ふとした風邪がもとで重い病気にかかり、全く医薬の効き目もなく、日に日にやせ細っていくばかりであった。親たちの心配はもとよりであるが、心優しい真蔵は、自分の生命を縮めてもと、神にお宮の病気平癒を一心不乱に祈った。しかし、お宮の容態はますます重くなっていった。ある日、娘は真蔵を枕辺に呼んで言った。「私の寿命は三日ともちません。今だから言いますが、花鳥使（結婚を求めるための使者）の中に見沼の龍神の化身がいたのです。私の病気は、見沼の龍神が二人の仲をねたんで、私の夢の中で毒蛇の正体を現わし、私にその毒気を吹きかけた日からのもので、もうとても助かりません。龍神に見染められたのが私の不運だったので、もう私のことは諦めてください。」と苦しい息の下から絶え絶えに言った。真蔵は、驚き悲しんだが、今はどうするすべもない。そうするうちに三日がたち、ついにお宮は死んでしまった。思いあまった真蔵は、頭を丸め、墨染めの衣に身を包んで行脚の旅に出て行った。そして、受けたお布施で弁財天の像を刻み、お宮弁天と名付けて愛しい人の霊を慰めたといわれ、それが新右衛門新田の弁財天であるという。

この話は、お宮弁天の縁起伝承であるが、また龍神の祟りも見られるが、後に弁財天となる開発者の娘が、龍神からの求婚を断るというかたちで、見沼の龍神との関係を絶っているのである。

3　結語

千葉徳爾は、我が国では、例えば皇室や名家の祖先が海神の宮の龍女を妻とした神話や、水の神との交渉を伝え龍蛇の子孫と称することによって、家系の由緒と繁栄を誇ろうとする旧家が少なくなかったことを指摘している。このように考えるとつまり、先の山口弁天の縁起伝承に見られる約束に背く絶縁にしろ、このお宮弁天の縁起伝承に見られる求婚への断りにしろ、これらの弁財天社縁起伝承は、あえて見沼の龍神との「絶縁」を語らなければならなかったのである。そして弁財天は、「見沼の龍神と人間との絶縁」において、大変重要な役割を果たしているのである。このことは、日本人の水の神への信仰の変遷を考えるうえで大変重要なのではないか。

宮田登は、水際に祀られる女神である弁財天は、龍蛇を操り、龍を鎮める霊力を持つと言っている。以上見てきたように弁財天は、人間と龍神との「絶縁」を司る女神でもあったのである。

第4章

見沼周辺の諸信仰

第1節　新秩父三十四観音霊場 ―見沼を望む地方巡礼―

1　地方巡礼とは

平成二十六年は、午年で観世音菩薩の十二年に一度のご開帳の年にあたり、全国の観世音霊場が、期間を決めてそのご本尊のご開帳を行った。有名な秩父三十四番札所観世音霊場も、三月一日（土）から十一月十八日（火）に総開帳したとのことで、観光会社や鉄道会社も広くこれを紹介していた。次は令和八年の午年となる。

真野俊和によれば、巡礼とは、霊場といわれる霊験あらたかな寺院を巡拝してそのご利益にあずかろうと行う信仰行為で、観音・地蔵・阿弥陀・薬師・不動・七福神など巡る本尊によって様々なものがある。観音の巡礼で有名なものとしては、日本で最初に成立したとされる西国三十三箇所は平安時代にまで遡り、鎌倉時代には坂東三十三箇所、室町時代には秩父三十四箇所がはじまったとされている。また四国八十八箇所巡礼（遍路）は、弘法大師ゆかりの聖蹟を巡る古くからの巡礼となっている。そして江戸時代になると、この風習が一般庶民にも広まり、江戸時代中期の元禄期以降は、遠隔地にまで巡礼できない人のために、四国・西国・坂東・秩父の札所を模した写しの札所が各地域につくられた。これが「地方巡礼」といわれるものである。

これら地方巡礼を見る時、民衆の間に観世音信仰が何故これ程までに広まったものかと驚かざるを得ない。しかし、『講座日本の巡礼』を参照しても、地方巡礼については全国に一五〇以上も存在するとされながらも、小豆島八十八箇所や能登国三十三箇所、利根川流域の新四国巡礼など、数編の論文を掲載しているに留まっている。にもかかわらず地方巡礼には、すでに消滅してしまったものもあるという。

本稿では、さいたま市緑区から見沼区に所在する「新秩父三十四箇所」について、平成二十六年のご開帳の様相を報告するとともに、民俗学および地域史の観点から、地方巡礼研究への視点について若干の考察をする。

2 さいたま市周辺の地方巡礼

埼玉県における地方巡礼についてグローバルに取り上げたのは、埼玉県立博物館における特別展「歴史を歩く―埼玉の札所めぐり―」であった。同展示会では、観音信仰の隆盛による札所めぐりに限定して取り上げており、秩父三十四箇所や坂東三十三箇所など、十六の地方巡礼を紹介している。表3は、県内の坂東・西国・秩父の写し巡礼である。これを見ると、それぞ

創設年	開創者	別称
元禄3（1690）	騎西龍花院の観照阿闍梨	武蔵西国、忍新西国他
元禄10（1697）	篠田太郎兵衛・田村門三郎	東武蔵、武蔵
元禄15（1702）以前	知足院住職盛典和尚	武蔵坂東、足立坂東
宝永2（1705）	高橋源太郎昌教（塚越村）	
正徳4（1714）	不詳	忍坂東三十四箇所
享保8（1723）	稔誉浄安	
享保8（1723）	井上五郎右衛門倫貞	
享保（1716～36）	不詳	
享保（1716～36）	不詳	
寛延3（1750）	不詳	
明和5（1768）以前	不詳	武州葛飾坂東
明和5（1768）以前	不詳	
明和5（1768）以前	不詳	
天明8（1788）	金乗院亮盛・妙善院万杲	武蔵野狭山
文化6（1809）	不詳	
天明6（1786）以前	不詳	

れが坂東あるいは西国、秩父のいずれかの札所を写していることがわかり、また、幸手・杉戸・春日部あたりに所在している新西国三十三箇所・新坂東三十三箇所・新秩父三十四箇所は、開創時期も不詳であるが、百観音霊場を写す目的でつくられている。

この他さいたま市周辺の各自治体における報告状況を見ると、『新編埼玉県史・通史編4』では、霊験記や縁起等の史料から、秩父三十四箇所・足立坂東三十三箇所・新秩父三十四箇所（上尾市周辺）等を紹介し、『浦和市史・通史編Ⅱ』では、やはり足立坂東三十三箇所・新秩父三十四箇所（上尾市周辺）・足立百不動を紹介している。なおさいたま市においては、飯山実が浦和市域における観音札所を報告しており、

表3　埼玉県内の新写し巡礼（坂東・西国・秩父の写し霊場）

No.	名　称	地　域
1	忍領三十三箇所	行田・加須・川里・鴻巣・騎西・菖蒲・久喜・大利根・鷲宮
2	武蔵国三十三箇所	吉川・三郷・八潮・川口・越谷・松伏・東京都葛飾・足立
3	足立三十三箇所	桶川・上尾・伊奈・菖蒲・鴻巣・北本・大宮
4	足立坂東三十三箇所	大宮・浦和・川口・戸田・蕨・鳩ヶ谷・東京都北区
5	忍三十四箇所	熊谷・妻沼・行田・川本
6	比企西国三十三箇所	東松山・吉見・川島・滑川・嵐山・小川
7	足立新秩父三十四箇所	上尾・桶川・伊奈・大宮・与野・浦和
8	入比坂東三十三箇所	都幾川・玉川・嵐山・鳩山・越生
9	高麗三十三箇所	飯能・日高・入間
10	新秩父三十四箇所	鷲宮・加須・大利根・久喜・菖蒲・騎西
11	新坂東三十三箇所	杉戸・幸手・庄和・栗橋・鷲宮
12	新西国三十三箇所	杉戸・幸手・庄和・春日部・宮代
13	新秩父三十四箇所	杉戸・幸手・庄和・春日部・松伏・越谷・岩槻
14	狭山三十三箇所	所沢・入間・東京都東村山・東大和・武蔵村山・瑞穂
15	新坂東三十三箇所	加須・大利根・鷲宮・幸手・久喜・菖蒲・騎西
16	新秩父三十四箇所	大宮・浦和

（埼玉県立博物館『特別展図録「歴史を歩く―埼玉の札所めぐり―」』より作成）

さいたま市立浦和博物館は足立百不動の特別展も開催している。このように足立坂東三十三箇所については、これまでも報告されてきており、霊場の創設者高橋休山の所在した蕨市においても紹介がある。また『川口市史・通史編上巻』においても、武蔵国三十三箇所・足立坂東三十三箇所・新四国八十八箇所・武州足立百不動が報告されているが、各自治体史においては、史料の残存しているものや市域に関わる巡礼に限られ、全てが調査・把握されているのかも不明であり、これらについての調査研究は非常に遅れていると言わざるを得ない。

このような中での平成二十六年の午年は、多少組織的にしっかりしている霊場、例えば武蔵国三十三観音霊場では、第一番延命寺（吉川市）

が札元を務め、パンフレットとガイドブック（個寺で製作）を作成し、四月十日から二十日にご開帳が行われ、さいたま市の南部に関わっている足立坂東三十三箇所も、三十三番定正寺（蕨市）が札元を務め、ポスターを作製し四月六日から十二日にご開帳が行われた。

しかし、全ての霊場がご開帳を行ったわけではなく、何らかの理由で閉帳したり、所在すら分からなくなった札所もあり、次の十二年後の午年ご開帳はどのようになっているのであろうか。そこで本稿では、今まであまり取り上げられていなかった、さいたま市緑区から見沼区、浦和区に所在する「新秩父三十四箇所」について報告する。

3　新秩父三十四観世音霊場の概要

本稿で報告する新秩父三十四観世音霊場は、さいたま市見沼区笹丸の観音堂を第一番札所として、見沼区・緑区・浦和区・大宮区をまわり、見沼区風渡野の大圓寺を第三十四番結願寺とする、秩父三十四箇所の写し霊場とされている（表4）。これは、見沼周辺の霊場を巡るものであり、この地域の歴史を物語るものの一つでもあろう。

開創年代については、先に紹介した埼玉県立博物館図録によれば、不詳の天明六年（一七八六）以前とあるが、第十二番東泉寺住職の話によれば、もっと古く元禄期にまで遡るものであると

表4　新秩父三十四番札所一覧

札番	名　称	観音名	住　所	備　考
1	笹丸　観音堂	聖観世音	さいたま市見沼区笹丸49	
2	膝子　光徳寺	聖観世音	さいたま市見沼区膝子315	
3	下野田　円徳寺	観世音	さいたま市緑区下野田429	
4	大門　大興寺	観世音	さいたま市緑区大門2583	
5	辻　惣持院	聖観世音	さいたま市緑区南部領辻2944	
6	染谷　観音堂	馬頭観世音	さいたま市見沼区染谷1-278	八雲社境内
7	片柳　堂山	馬頭観世音	さいたま市見沼区片柳1371	根木輪公会堂
8	西山　見沼堂	観世音	さいたま市見沼区片柳27	個人所有
9	山崎　宝蔵院	馬頭観世音	さいたま市緑区山崎1-16	
10	山崎　中原堂	白衣観世音	さいたま市緑区三室200	個人所有
11	下木崎　前窪堂	観世音	さいたま市浦和区木崎5-6	集会場
12	瀬ヶ崎　東泉寺	如意輪観世音	さいたま市浦和区瀬ヶ崎2-15-3	
13	中尾　吉祥寺	十一面観世音	さいたま市緑区中尾1410	
14	中尾　十一面中尾堂	十一面観世音	さいたま市緑区中尾1392	駒形集会場
15	中尾　桑原堂	観世音	さいたま市緑区中尾1750	中丸自治会館
16	中尾　観音堂	観世音	さいたま市緑区中尾2340	消滅
17	領家　長覚院	観世音	さいたま市浦和区領家4-20	
18	上木崎　相之谷堂	正観世音	さいたま市浦和区上木崎7-15-1	
19	上木崎　正福寺	正観世音	さいたま市浦和区上木崎7-19-1	
20	上木崎　本地堂	聖観世音	さいたま市浦和区上木崎6-21-9	
21	宮町　萬日堂	馬頭観世音	さいたま市大宮区宮町3-6	東光寺内
22	天沼　観音堂	子易観世音	さいたま市大宮区天沼町2-908	集会場
23	中川　円蔵院	十一面観世音	さいたま市見沼区中川540	
24	中川　宝乗院	如意輪観世音	さいたま市見沼区中川540	円蔵院内
25	御蔵　宝生院	正観世音	さいたま市見沼区御蔵82	御蔵自治会館
26	蓮沼　正福寺	十一面観世音	さいたま市見沼区蓮沼770	
27	中丸　大島堂	正観世音	さいたま市見沼区南中丸289	個人所有
28	深作　覚蔵院	如意輪観世音	さいたま市見沼区春岡2-4	
29	深作　宝積寺	十一面観世音	さいたま市見沼区深作3-38-1	
30	小深作　慈服寺	正観世音	さいたま市見沼区小深作604	神明神社境内
31	宮ヶ谷塔　観音堂	馬頭観世音	さいたま市見沼区宮ヶ谷塔3-178	集会場
32	新堤　観音堂	十一面観世音	さいたま市見沼区新堤19-2	大圓寺管理、地元集会場
33	風渡野　陽光殿	如意輪観世音	さいたま市見沼区風渡野335	大圓寺境内
34	風渡野　大圓寺	観世音	さいたま市見沼区風渡野335	

されている。大圓寺住職によれば、もとは見沼周辺には、他に坂東と西国の写し霊場もあり百観音霊場を構成していたが、いつの頃か消滅し、この新秩父三十四箇所だけが今日に伝えられているのだと言う。

現在では、第十六番中尾の観音堂がかつての維持困難により消滅し、またいつの頃からか第二十四番宝乗院の如意輪観音が第二十三番円蔵院に安置されたり、少しずつの変化はあったが、平成二十六年のご開帳は各札所で行われた。またこの霊場は、今日では、宗教法人所有のものばかりでなく、地域で所有し自治会館等になっているもと堂が八箇所、個人所有の堂が三箇所あり、地域の人たちによって守られ伝えられている信仰習俗と見ることもできる。江戸時代には、全ての札所が住職のいる寺院であったところ、明治時代の廃仏毀釈の影響によってこのように変化したのだという。

この年のご開帳は、春の彼岸の三月十八日から二十三日と短い期間であったが、新聞によっても報じられ、またインターネットが盛んに利用されるようになった今日、これを通じて紹介する信者の方もあり、とくにブログ『新秩父三十四観世音札所めぐり―南大宮』は参考とさせていただいた（注1）。

4　新秩父札所における実施状況

平成二十六年の観音様御開帳・巡礼の実施状況を報告するが、三月十七日（月）の埼玉新聞では、第七番札所片柳の堂山（根木輪公民館）のご開帳状況が報道された。地元では、これを地域の文化遺産として継承しようと、ご開帳実行委員会を組織して実施した。

ブログ『新秩父三十四観世音札所めぐり―南大宮』の「新秩父観世音めぐりのいわれ」には、第六番染谷の観音堂で発見したという巻物の写真を掲載している（注2）。この巻物には、この新秩父三十四番札所の起源は元禄以前とも延宝六年（一六七八）とも考えられること、これを巡拝すれば秩父札所を巡拝したと同じご利益が得られること、先人たちが残したこの「大いなる遺産」を継承することが私たちの責務であることなどが書かれている。そして、平成二年三月に、染谷の三枝政六氏・三枝丸一氏・渡辺忠一氏が第二十七番大島堂の堂主の記した『新秩父三十四箇所観世音めぐり』を採録したことを、染谷の高橋隆亮が記している（注2）。これは、おそらく当時すでにこの札所めぐりの開創は不明であるが、代々受け継がれてきた伝統の貴重さを改めて説いているのである。

第四番大門の大興寺の観音堂は、地元ではお寺よりも古い開創であると伝えられている。ご開帳には、他の札所と同様、厨子が開かれ観音様と結ばれたゼンノツナが設置された（写真19）。

聞き書きによると、まず初日に観音様の前で住職の読経の後、参拝して御詠歌をあげた。そして、脇に張られたテントで、年番、ワカイシ講の人たちが交代で巡拝者への受付を行い、念仏講や御詠歌の人たちは隣の自治会館にて交代でご接待を行った。御詠歌の人たちは、この年は年輩の方十二人程で、十二年前のご開帳時には十七人程いたが、今回の新たな加入者はいなかった。この年は、この観音堂に御詠歌をあげただけであるが、十二年前の午年のご開帳には、付近の第三番下野田の円徳寺や第五番辻の惣持院などを巡り、最後にバスで群馬県の高崎観音へ参詣したという。当寺では、「平成十四年三月」の『新秩父三十四箇所

写真 19. 第四番大興寺観音堂の御開帳（緑区大門、撮影・青木義脩氏）

写真 20. 大興寺・新秩父三十四箇所観世音めぐり小冊子

観世音めぐり　御詠歌集』という小冊子のコピーと地図を入手した（写真20）。大興寺のこの年のご開帳には、十二年前の平成十四年に作成した御詠歌集をコピーして使用したのである。その「はしがき」には、第六番染谷観音堂で見られた巻物と同じ内容の文章が記されている。

第十二番東泉寺では、かつては念仏講の他に大和流の御詠歌講が組織され、ご開帳時に活躍していた。

第二十三番円蔵院では、この年も、寺と世話人と密厳流遍照御詠歌円蔵院支部に所属している二十五人によって、新秩父三十四箇所観世音めぐり実行委員会を組織し、ご開帳の受付とご接待、運営を行った。

また、ご開帳期間のうち一日、バス一台を借りて札所の巡拝を行った。十二年前はバス二台を借りて実施したという。この新秩父三十四箇所の中でも、円蔵院は今もしっかりと行っているという。写真21はこの年の御詠歌集であるが、当札所も手づくりの歌集である。

第二十五番宝性院では、平成二年当時は、三十七人の会員による薬師堂保存会が結成され、ご開帳の受付やお茶だしを行った。また、新秩父三十四箇所を七日間かけて巡った。

第三十四番大圓寺では、かつては地域の人たちとともに新秩父三十四箇所巡りを行ったというが、この年からは、その結願

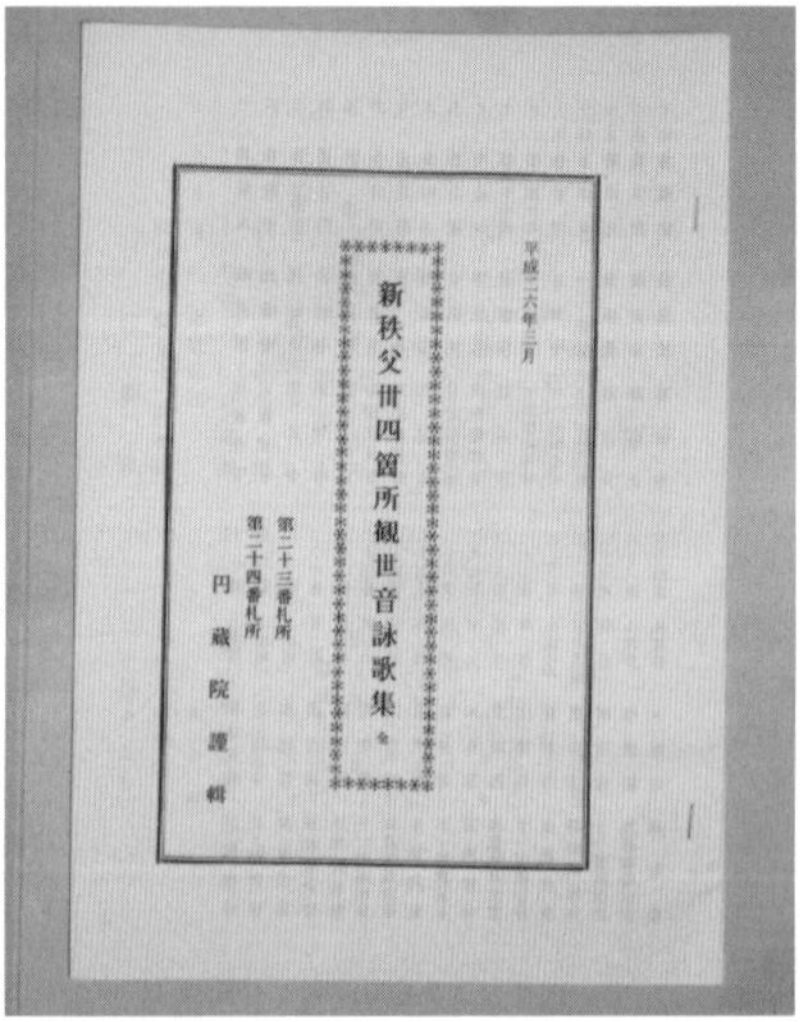

写真21. 円蔵院・新秩父三十四箇所観世音御詠歌集

寺として、本堂地下に第十六番札所以外の札所の御朱印が展示されており、大圓寺への参拝が新秩父三十四箇所全てに参拝したことになるとの信仰を説いている。

その他第八番西山見沼堂、第十番山崎中原堂、第二十七番大島堂は、個人所有の堂であり、個人でご開帳を行った。

以上のように、三十四箇所全ての実施状況を報告することはできないが、当札所の十二年に一度のご開帳は、寺院と世話人、御詠歌の方々など地域の人たちが連携した観音様のご開帳と巡拝の行事であり、それが札所によって様々に変化をきたしながら実施された。

5 新秩父三十四観世音霊場に見る地方巡礼研究

ここでは、平成二十六年午年三月十八日から二十三日という短期間のご開帳の甚だ少ない事例ではあるが、地方巡礼研究へのいくつかの視点を提示したい。

先に見たように、例えば現在、巡礼にバスを利用しながらも最も伝統に近い形態を継承しているると思われる第二十三番円蔵院を見ると、また江戸時代は個人所有の持仏堂にも僧や尼を住まわせて地域の信仰の拠点を提供していたことなどを考えあわせると、この新秩父三十四箇所観世音霊場のご開帳と巡礼は、寺院と世話人、御詠歌の方々など地域の人たちが連携し行ってきた行事と言うことができる。また、この新秩父三十四箇所への巡礼は、西国・坂東・秩父の古来の観音霊場のような午年以外の普段の年や日常の巡礼はほとんど見られないことから、寺院と地域の十二年に一度の民俗行事なのである。十二年に一度のこの一週間、地域の集会所は観音霊場札所に変身する。

また、第六番染谷観音堂の「新秩父観世音めぐりのいわれ」について考えられることは、すでに開創年代や開創者がわからなくなっているこの観音霊場において、かつて第二十七番大島堂の堂主が『新秩父三十四箇所観世音めぐり』を記していること、その後平成二年に染谷の数名がこれを改めて採録していることがわかる。一方、武蔵国三十三箇所のご開帳で聞いたところによると、たとえ札元の寺があっても、午年のご開帳前に札所の管理者たちが集会しても、パンフレットや冊子を作成していても、それは個々の寺院や札所で行っていることが多く、札所間における統一した組織のようなものは存在しないのだという。つまり、これら地方巡礼は、各札所とそれをささえる寺院や地域の活動によるところがかなり大きい。そのように見ると、これまである時代にある札所や地域において、実に様々な活動がなされてきたのであろう。

江戸時代には一般的に行われたであろう観音信仰による十二年に一度のご開帳は、現在では、将来の存続をも含めて、各札所の慣習や活動の集合体になっているのと言えるのではないか。

以上、見沼周辺に伝えられている新秩父三十四箇所観世音霊場という、秩父の写し巡礼の平成二十六年午年のご開帳実施状況を報告し、地方巡礼研究への若干の視点について考察した。それは、まぎれもなく見沼周辺地域の歴史であるとともに、有名で大規模な西国・坂東・秩父の観音霊場とは若干異なり、札所に関わる寺や地域による十二年に一度の民俗行事で、そのそれぞれの慣習・活動が集合して成立し実施されている観音信仰の行事なのである。

第2節　見沼と浅間信仰

1　見沼の女神

さいたま市緑区宮本に鎮座する氷川女體神社は、素戔嗚命の妃である奇稲田姫命を主祭神としており、神社境内の由緒書（説明板）によると、

「（前略）この沼（見沼）は、御手洗瀬として当社と一体であり、ここに坐す神は女體神すなわち女神であった。（中略）祭祀は、御船祭と称し、隔年の九月八日に見沼に坐す女神に対して行われた。（後略）」と記されている。

このように氷川女體神社は、古代より、見沼に坐す女神への重要祭祀を行ってきたのだが、そもそも何故に見沼に坐す神は「女神」なのであろうか。

見沼には、氷川女體神社の他にも、この祭神の御子姫を祀ったことを説明板に記している大牧氷川女体神社や附島氷川女体神社が鎮座し、また『足立郡神社明細帳』からもとは川口市東内野字金崎に祀られていたが、現在は木曽呂の朝日神社に合祀されている女体権現社が存在し、やはり奇稲田媛命を祭神としている。関東地方の女体社を研究している牛山佳幸は、そこに日

本人の女神信仰を見ようとする。

本稿では、浅間社にも視野を広げて、見沼の周辺に伝えられてきた「女神」への信仰について見ていきたい。

2 川口市東内野字金崎の浅間社

川口市大字東内野字金崎には、国重要有形民俗文化財「木曽呂の富士塚」が所在する。この富士塚は、地元では「ふじやま」「木曽呂浅間」と呼ばれ、寛政十二年(一八〇〇)に丸参講の信者蓮見知重の発願によって、見沼通船堀と見沼代用水東縁の連結地点の東の崖上に築造されている(写真22)。富士講が造った富士塚としては、埼玉県内最古のものであり、御鉢、御中道、参道、須

写真22. 見沼より木曽呂の富士塚を望む（川口市東内野、提供・川口市教育委員会）

走口、御胎内、経ヶ岳、人穴等が模されており、山頂からは、眼下に見沼田圃、代用水東縁、見沼通船堀を望むことができ、西方の遠くに富士山を遥拝することができる。塚の北にある浅間社には、木花咲耶姫命が祀られている。

塚の東に建つ「蓮行知道居士」の墓碑銘には、ここに浅間社が祀られ、富士塚が築造された由来が次のように記されている。

「（前略）此郷之高処所以謂金崎台者、富山之夕影移此台、故勧請木華咲耶姫尊奉尊崇女体宮旧蹤顕然、除地七畝歩余、此台上富山之影移故日影崎台、然自何時謂金崎台耶未知其実、（後略）」

つまりこの地は、新田に開発される以前は、旧見沼溜井の岸の岬となっており、木揃（木曽呂）の金崎と呼ばれていた。その由来は、はるか西方の富士山の影がこの台上に移ることから、木花咲耶姫命が勧請され、七畝の除地を持ち、日影崎と呼ばれていたが、何時か金崎に転じたという。

とくに筆者が注目するのは、「故に木華咲耶姫尊を勧請し、女体宮として尊崇奉り、旧より顕然なり。」という箇所で、木花咲耶姫命を「女体宮」（女神）として祀っていたというのである。そして、その後寛政十二年に、ここに富士塚が造られた。

3　川口市差間の東沼神社

木曽呂の富士塚の北方、差間のやはり見沼を西に望む台地の先端に、東沼神社が鎮座している。この神社は、明治四十年（一九〇七）に周辺の七つの神社を合祀し、見沼の東に位置することから、社号を「東沼神社」に改めたが、それまでは「浅間神社」と呼ばれ、木花咲耶姫命を主祭神とする。浅間神社の創立は不明であるが、境内の堂塚と呼ばれた場所から嘉暦三年（一三二八）をはじめとする数基の板碑が出土したことから、当地の開発は中世に遡ると言われる。

当社は、古くから丸岩講の活動の拠点であり、境内には富士塚が築かれていた。現在は、復元された富士塚が存在するが、当社に伝わる天保十一年（一八四〇）に奉納された「浅間神社参拝図絵馬」（川口市有形民俗文化財）には、見沼代用水東縁を望む境内に富士塚と白い行衣姿の参拝者が描かれている。

当社の祭りは、現在、元旦祭、七月一日の「浅間様」、十月八日の「お日待ち」であるが、東沼神社に改称する以前は、お日待ちの祭礼は九月八日であった。このことについて『大門村誌』には、

「此ノ日ハ、氏子一同拝殿ニ集リ、葉薑ニ生味噌ヲツケテ下物トシ神酒ヲ戴ク例ナリ。（中略）

又三室村郷社氷川女體神社ノ例祭モ古来九月八日ナリ。見沼ヲ隔テ、東西相対シテ同日祭礼ヲ行フは見沼ニ就テ同社ト何カ縁故アルベクモ覚ユレド未詳ナラズ尚繹ヌベシ。」

と記され、当誌の著者は、当神社のお日待ちが見沼対岸の氷川女體神社の御船祭と同日の祭礼であることについて、何かの縁故を推測している。また、浅間祭についても、

「古老ノ説ニヨレバ、見沼未開墾時代ハ毎年七月一日ノ祭ニハ、魚類雑貨物ノ市盛ニシテ近郷ヨリ舟ニテ群集セリ。」

と記され、かつて七月一日の浅間祭には市が開かれ、近郷の人々が船で集まってきたと伝えている。このように差間の浅間神社は、何か見沼との関連を持って鎮座してきたのではないか。

4 川口市道合字久保前の浅間社跡

川口市道合字久保前の西に見沼代用水東縁を見下ろす小高い場所に、道合の村社稲荷神社が鎮座している。かつてその境内社には、木花咲耶姫命を祀る浅間社が存在した。当地は、八丁堤より下流にあることから、寛永年間の旧見沼溜井造成の頃は、すでに田圃に開発された地域である。しかし『足立郡神社明細帳』によると、明治四十四年（一九一一）二月、浅間社は、木曽呂の朝日神社に合祀されたが、ここには、かつて文政十年（一八二七）に月三講によって

築造された「神根の富士塚」が所在していた。当初は先達浅見一行が代々祭祀を行っていたが、いつの頃か崩されて、現在その石碑は浅見家の子孫によって管理されている。

5　川口市西新井宿字笹根の浅間社跡

川口市立グリーンセンターの北、川口市西新井宿字笹根の見沼代用水東縁から笹根川沿いに少し入った所に、小高い富士塚を思わせるような山が存在する。ここは、かつて笹根の浅間神社が鎮座していた場所である。階段登り口には「笹根富士講」と書かれた看板が立てられ、頂上には、かつて社殿のあった平場に、正面に「富士浅間神社跡」、裏面に由来が刻まれた白く丸細長い石碑が置かれている。当社は、明治四十年頃に日光御成道沿いにある西新井宿の氷川神社に合祀され、昭和九年にこの記念碑が建立された。現在でも、年に一度氏子たちが集まり、跡地の清掃を行っており、信仰が継続していることをうかがわせる。

6　さいたま市緑区大牧の浅間神社

見沼の西岸、さいたま市緑区大牧の小高い梅所と呼ばれる所に、木花咲耶姫命を祀る浅間神社が、西方の富士山を向いて鎮座している。

大牧は、武田信玄の娘で、徳川二代将軍秀忠の子幸松丸（後の保科正之）を養育した見性院が、慶長年間頃に徳川家康から賜った領地で、地内の清泰寺にはその墓所（埼玉県指定旧跡）がある。浅間神社は、見性院が元和八年（一六二二）に没した二年後の寛永元年（一六二四）六月一日に創立していることから、亡き見性院の墓所を護るため、縁のある甲斐国一宮である当社を、往時清泰寺の地所であった当地に勧請したものではないかと考えられる。

例祭は、七月一日の「浅間様のお祭り」で、前日の六月三十日を「宵宮」といい、午後二時から氏子全員が集まり、清掃した後、参道に灯篭を立て、夕方から境内に十二畳ほどの茣蓙の上で祝宴が催される。

7　見沼周辺の浅間信仰

以上見てきた見沼周辺の五つの浅間社について、ここで若干の考察を試みたい。まず、川口市差間、東内野、道合の浅間社について分析すると、いずれも大宮台地の先端の小高い場所、富士山を遠望できる場所に富士塚が築かれている。このことは、平野榮次が指摘するように、富士塚の築造機能の一つ、富士山の遥拝所であることをうかがうことができる。そしてこの三つの富士塚は、見沼を望み見て、その向こうに富士山を眺めるという立地になっている。

筆者が注目するのは、この地形的な特徴が、富士塚を持たない笹根の浅間神社、また見沼の西岸にはなるが大牧の浅間神社にもあてはまることである。つまり、富士塚築造の風習が安永九年（一七八〇）の江戸高田水稲荷における築造という江戸時代中期に始まることから考えて、富士山への遥拝は、富士塚だけにおける特徴ではなく、おそらく富士塚が築造される以前からの浅間社と浅間信仰における特徴なのではないか。旧見沼溜井に近い上流域に、いつの頃からか祀られている浅間神社は、大宮台地の高台の先端部に鎮座し、富士山を遥拝するという特徴を今に伝えているのである。

次の疑問は、大牧の浅間神社以外の四つの浅間神社が、見沼の東岸の南部の岸辺に顕著に所在するのは何故であろうか。『大門村誌』が指摘するように、対岸の見沼の北西には氷川女體神社が鎮座しており、西岸を南にかけて大牧氷川女体神社、附島氷川女体神社が鎮座している。

次に小祠としての浅間社は、『新編武蔵風土記稿』にも記されていない場合も多いが、『足立郡神社明細帳』を見ると、見沼の下流川口市域などには、他にもすでに明治期に合祀されている浅間神社や、境内社としての浅間社を祀っている神社が少なくない。例えば、明治期に浅間神社を合祀している神社としては、鳩ケ谷氷川神社、江戸袋氷川神社、安行氷川神社、安行原九重神社があり、境内社として浅間社を祀っている神社は、万延元年（一八六〇）の月三講によって築造された「青木の富士塚」を持つ青木氷川神社の他、柳崎氷川神社、朝日氷川神社、元郷氷川神社などがある。

このように見るとおそらくは、中世か近世初期頃までに、芝川から旧見沼の東岸沿いに富士浅間信仰が伝えられた時代があったのではないか。そしてその際には、見沼の向こうに富士山を遥拝できる場所が選ばれたのではないか。

8 結語 ―見沼と木花咲耶姫命―

以上のように、古くから見沼周辺には、木花咲耶姫命を祀る浅間社が信仰され、見沼を眺望しながら富士山を遥拝してきた。

それでは何故このように、古くから見沼周辺に浅間社が鎮座してきたのであろうか。これら浅間社は、見沼代用水や芝川、見沼から引いた赤堀用水の周辺に鎮座しており、いずれも氷川神社に祀られている場合も多い。

一つの仮説を提示すれば、浅間社は木花咲耶姫命という女神が祀られ、また先に紹介した東内野の浅間社では、木花咲耶姫命を「女体宮」として祀っていた。つまり、本稿の最初に記したように、宮本を代表とする氷川女體神社は奇稲田姫命という女性神を主祭神とし、「見沼の七弁天」をはじめ見沼に数多く祀られている弁財天もまた女神であることを考えると、そもそも見沼は、本来的に女神が祀られるにふさわしい聖地なのではないか。

注

（1）『新秩父三十四観世音札所めぐり—南大宮』 http://www.minami-oomiya.com/sintitibu/index.html

（2）『新秩父三十四観世音札所めぐり—南大宮』 http://www.minami-oomiya.com/sintitibu/iware.htm

結語

見沼の女神信仰

結語　見沼の女神信仰

見沼周辺の寺社信仰や民間信仰、今日まで伝えられてきた伝説は、沼から田圃、畑地に代わってきている現代でもなお、その歴史と地域的特色などを有し、神秘的な魅力を物語っている。本書では、見沼の歴史文化について、いくつかの研究視点や研究課題を提示してきた。

かくして古来より龍神の棲む見沼は、女神がおさめる聖域であった。それも、さいたま市緑区宮本や大牧、附島の氷川女體神社に祀られる奇稲田姫命、大宮区高鼻の氷川神社や宮本氷川女體神社の境内に祀られ、また見沼区土呂や新右衛門新田に弁財天として祀られている宗像神社、緑区下山口新田の弁財天、厳島神社に祀られている市杵島姫命、川口市差間や東内野、神根、緑区大牧の浅間神社に祀られる木花咲耶姫命など、一神に限定されることでもなく、また数多くの伝説で魅力ある美女が語られている。ことに龍神、氷川神、弁財天は、古代から信仰されてきた「水の神」との関係が深く切り離すことができない。はたして何故に見沼では、これほどまで様々に女神の魅力が語られてきたのであろうか。

本来「みぬま」という言葉は、最も古くは水辺にあって禊ぎに関係する水の女神「みぬま神《のかみ》」に由来しているという。古代日本の信仰生活では、水（「みづ」）は、禊ぎの料として遠い浄土から時を限ってより来る水「常世浪」のことであり、この聖なる水を管理し、神や貴人の誕生・再生のための禊ぎ儀礼において水の呪力で奉仕する神女の存在が重要であった。この神女は、貴人が水の呪力で変若返《おちかえ》って神になるための「みづのをひも」を解くことで、神の嫁となったのである。そして、神の威力を蒙って、この神女自身も神とみなされ、この女神を「みぬま神」と言ったのである。

筆者は、見沼における民間伝承の魅力の一つとして、例えば御船祭から磐船祭への移行のように、新田開発事業を契機としたその歴史的変遷を辿ることができることと、蓮を作らない伝説などのような周辺地域の特色や地域性を示して今日に至っていることがあると考えている。その中でもとくに興味が引かれることは、原始・古代から伝えられているところの日本人の水の神への信仰の様相と歴史的変遷を辿ることができるのではないかと考えられることである。おそらくは、女神信仰としての性格や、「見沼の七弁天」に代表される弁財天信仰の普及などもその一端なのであって、その調査研究を深めていくうえでも、「水の女」で示された折口信夫の聖水信仰論については、今後も大いに検証していく必要があるのではないかと考える。

将来の見沼に関わる民間伝承研究のますますの進展を祈念したい。

あとがき

浦和市大字大門（現・さいたま市緑区）で生まれ育った筆者にとって、見沼、見沼田圃は、幼少の頃からの憧れであった。小学校低学年に授業で習い、高学年になると秋の写生大会で水彩画を描いたり、よく家から十五分ほど歩いての散歩でその広々とした田園風景を眺めたものであった。また、東京の中学校に通うようになると、国語の作文で郷土の歴史として紹介し、大学では、「家例」の民俗をテーマとした卒業論文の調査地に選定した。

私の家は、昭和のはじめ頃、現在の国道一二二号バイパス辺りを走っていた武州鉄道の武州大門駅（地元では廃線した数十年後もここを「停車場」と呼んでいた。）で構内タクシーを営んでいた祖父が越谷から移り住み、私で三代目となる。そんな私にとって、見沼田圃は故郷そのものであった。昨年一月に他界した父が勤務先の会社で紹介すると言って、ともに自転車に乗って「通船堀」と「八丁堤」を探しに出かけたことが、実に懐かしく思い出される。

本書は、研究書としては未完成なところも多いが、見沼の歴史文化の持つ魅力における、これまでの研究や新たな視点と課題を指摘することができたと思う。今後は、後進たちによる更なる見沼研究の進展を期待したい。
最後に、緑区歴史の会等において、筆者の見沼研究に発表と掲載の機会を与えてくださり、貴重な写真の提供と、研究へのご理解およびご指導をいただきました青木義脩先生に厚く御礼申し上げます。

令和四年十一月三日

宇田　哲雄

引用・参考文献

序章

青木義脩「見沼と伝説―竜を中心に―」『浦和市史研究』第九号、一九九四年
青木義脩『さいたま市の歴史と文化を知る本』さきたま出版会、二〇一四年
青木義脩『井澤弥惣兵衛為永―見沼新田開発指導者　その人と事蹟』関東図書、二〇一五年
市川正三『井沢弥惣兵衛―大江戸の繁栄を支えた見沼代用水の生みの親―』さきたま出版会、二〇〇五年
井上香都羅『みむろ物語―見沼と氷川女体神社を軸として―』さきたま出版会、一九九八年
宇田哲雄「家格と家例―埼玉県浦和市大字北原の家例―」『日本民俗学』第一七六号、一九八八年
宇田哲雄「見沼に蓮を作らない話―伝承という行為の一面―」『民俗』第一四五号、一九九三年
宇田哲雄「見沼の主の引越し―新田開発と民間伝承―」『浦和市史研究』第一一号、一九九六年
宇田哲雄「見沼と釘付け龍伝説に関する一考察」『緑の歴史』第一五号、二〇二〇年
浦和市『浦和市史調査報告書』第九集、一九七九年
浦和市『浦和市史・民俗編』、一九八〇年
大宮市『大宮市史・第五巻（民俗・文化財編）』、一九六九年
川口市『川口市史・民俗編』、一九八〇年
川口市教育委員会『赤山街道総合調査報告書Ⅰ・大宮道をたどる』、二〇〇二年
川口市教育委員会『歴史絵本・伊奈☆忠治―利根川・荒川を開発した代官―』、二〇二二年
川口市戸塚公民館『戸塚　史跡めぐりハイキングコース』、一九九二年

『大門村誌』さいたま市立大門小学校所蔵
さいたま竜神まつり会『見沼と竜神ものがたり』さきたま出版会、二〇〇八年
千葉徳爾「総説」『日本民俗学』第一六〇号、一九八六年
福田アジオ『日本民俗学方法序説』弘文堂、一九八四年
松浦茂樹『荒川流域の開発と神社in埼玉』さきたま出版会、二〇二〇年
見沼代用水土地改良区『見沼代用水沿革史』、一九五七年
『わたしたちの郷土　さいたま』中央社、二〇〇五年

第1章

青木義脩「見沼と伝説―竜を中心に―」『浦和市史研究』第九号、一九九四年
青木義脩・野尻靖「続・最近調査のさいたま市周辺神社本殿について」『さいたま市博物館研究紀要』第四集、二〇〇五年
市川正三『井沢弥惣兵衛―大江戸の繁栄を支えた見沼代用水の生みの親―』さきたま出版会、二〇〇五年
宇田哲雄「見沼に蓮を作らない話―伝承という行為の一面―」『民俗』第一四五号、一九九三年
浦和市『浦和市史調査報告書』第九集、一九七九年
浦和市『浦和市史・民俗編』、一九八〇年
浦和市立郷土博物館『見沼・その歴史と文化』さきたま出版会、一九九八年
大宮市『大宮市史・第五巻（民俗・文化財編）』、一九六九年
折口信夫「水の女」『折口信夫全集第二巻、古代研究（民俗学篇1）』中央公論社、一九二七年
川口市『川口市史・民俗編』、一九八〇年
川口市教育委員会『江戸の米倉』、一九九〇年

『大門村誌』さいたま市立大門小学校所蔵
島根実「「五豊龍神」考」『川口史林』第一〇号、一九七三年
『新編武蔵風土記稿』第七巻、雄山閣出版、一九九六年
千葉徳爾「実例としての河童伝説の分析」『民俗と地域形成』風間書房、一九六六年
韮塚一三郎『埼玉県伝説集成』上巻、北辰図書、一九七三年
早川徹「南魚沼の歴史と伝承」宮家準編『修験道と地域社会―新潟県南魚沼の修験道―』所収、名著出版、一九八一年
福田アジオ「政治と民俗―民俗学の反省―」桜井徳太郎編『日本民俗の伝統と創造』弘文堂、一九八八年
本間清利『関東郡代―伊奈氏の系譜―』埼玉新聞社、一九八三年
村松梢風「彫刻家・島村俊明」『日本経済新聞（三月三一日夕刊）』一九六〇年
柳田國男「隠れ里」『一つ目小僧その他』所収、定本第五巻、筑摩書房、一九一八年
柳田國男「龍王と水の神」定本第二七巻、筑摩書房、一九四一年
柳田國男『伝説』定本第五巻、筑摩書房、一九四〇年
柳田敏司『埼玉歴史点描』浦和須原屋、一九七三年

第2章

青木義脩『氷川女体神社』（さきたま文庫①）さきたま出版会、一九八四年
秋山喜久夫『巷談―大宮雑記帳7―』丸岡書店、一九七六年
井口樹生・東郷克美・長谷川政春・藤井貞和『折口信夫　孤高の詩人学者』有斐閣、一九七九年
伊東久之「船祭」『日本民俗辞典』下巻所収、吉川弘文館、二〇〇〇年
井上香都羅『みむろ物語―見沼と氷川女体社を軸に―』さきたま出版会、一九九八年

牛山佳幸『【小さき社】の列島史』平凡社、二〇〇〇年
浦和市『浦和市史調査報告書』第九集、一九七九年
浦和市『浦和市史・民俗編』一九八〇年
浦和市『浦和市史・通史編Ⅰ』一九八七年
浦和市『浦和市史・通史編Ⅱ』一九八八年
浦和市立郷土博物館『見沼―その歴史と文化―』さきたま出版会、一九九八年
浦和市郷土文化会『氷川女体神社』（浦和歴史文化叢書1）さきたま出版会、一九七五年
大宮市『大宮市史・第五巻（民俗・文化財編）』一九六九年
大宮市『大宮市史・第二巻（古代・中世編）』一九七一年
折口信夫「水の女」『折口信夫全集・第二巻、古代研究（民俗学篇1）』中央公論社、一九二七年
木本雅康「氷川神社の方位と信仰」『國學院雜誌』第九三巻八号、一九九二年
國學院大學日本文化研究所『神道事典』弘文堂、一九九九年
埼玉県『新編埼玉県史・通史編1（原始・古代）』一九八七年
埼玉県『新編埼玉県史・通史編2（中世）』一九八八年
埼玉県神社庁『埼玉の神社―北足立・児玉・南埼玉―』一九九八年
さいたま市『さいたま市史・民俗編Ⅰ～社寺の信仰～』二〇一二年
さいたま竜神まつり会『見沼と竜神ものがたり』さきたま出版会、二〇〇八年
財団法人埼玉県埋蔵文化財調査事業団『四本竹遺跡―芝川見沼第1調節池関係埋蔵文化財発掘調査報告―』一九九二年
桜井満「船祭りの系譜」『桜井満著作集』第十一巻所収、おうふう社、一九九九年
『新編武蔵風土記稿』第七巻、雄山閣出版、一九九六年

松長哲聖「奥氷川神社」（『猫の足あと・多摩地区寺社案内』「西多摩郡の神社」）
https://tesshow.jp/tama/wtama/shrine_oktama_okhikawa.html
松長哲聖「中氷川神社（三ヶ島）」（『猫の足あと・埼玉県寺社案内』「所沢市の神社」）
https://tesshow.jp/saitama/tokorozawa/shrine_mikajima_naka.html
野尻靖「氷川女体神社に関する若干の考察―社名の変遷を中心に―」『浦和市史研究』第二号、一九八七年
野尻靖『氷川女體神社』さきたま出版会、二〇〇七年
野尻靖『大宮氷川神社と氷川女體神社―その歴史と文化―』さきたま出版会、二〇二〇年
氷川女體神社の由緒説明板
氷川女體神社境内の由緒説明板
牧田茂『海の民俗学』岩崎美術社、一九六六年
松浦茂樹『荒川流域の開発と神社in埼玉』さきたま出版会、二〇二〇年
森田悌『王朝政治と在地社会』吉川弘文館、二〇〇五年
森田悌『武蔵の古代史―国造・郡司と渡来人・祭祀と宗教―』さきたま出版会、二〇一三年
吉田孖則『見沼物語』さきたま出版会、一九八一年

第3章

青木義脩『さいたま市の歴史と文化を知る本』さきたま出版会、二〇一四年
今井善一郎「弁天小考」今井善一郎著作集刊行会編『今井善一郎著作集・民俗編』所収、換乎堂、一九七七年
宇田哲雄「見沼地域周辺における弁天信仰の諸相と課題」松崎憲三先生古希記念論集編纂委員会編『民俗的世界の位相―変容・生成・再編―』所収、慶友社、二〇一八年
浦和市『浦和市史調査報告書』第九集、一九七九年

浦和市『浦和市史・民俗編』一九八〇年
浦和市立郷土博物館『見沼・その歴史と文化』さきたま出版会、一九九八年
大宮市『大宮市史・第五巻（民俗・文化財編）』一九六九年
大宮市教育委員会『大宮をあるくⅠ〜東部編〜』一九八八年
大島建彦「弁天信仰と民俗」『疫神と福神』所収、三弥井書店、二〇〇八年
片柳のむかし刊行委員会『郷土をつづる・片柳のむかし』一九八八年
川口市『川口市史・民俗編』一九八〇年
川口市教育委員会『ふるさと川口の祈りのかたち―蛇と水の民俗世界―』二〇一六年
喜田貞吉「弁才天女考」『福神』宝文館出版、一九七六年
埼玉県神社庁『埼玉の神社―北足立・児玉・南埼玉―』一九八八年
さいたま市「見沼の七弁天」説明板
笹間良彦『新装版・弁才天信仰と俗信』雄山閣出版、二〇一七年
『新編武蔵風土記稿』第七巻、雄山閣出版、一九九六年
『新編武蔵風土記稿』第十一巻、雄山閣出版、一九九六年
圭室文雄「江の島の支配と弁才天信仰」宮本袈裟雄編『福神信仰』所収、雄山閣出版、一九八六年
千葉徳爾「田仕事と河童」大島建彦編『河童』所収、岩崎美術社、一九五七年
野尻靖『氷川女體神社』さきたま出版会、二〇〇七年
長谷川匡俊「布施弁天と庶民信仰」桜井徳太郎編『日本宗教の複合的構造』所収、弘文堂、一九七八年
早船ちよ・諸田森二『埼玉の伝説』角川書店、一九七七年
美園郷土史の会『美園郷土史の会記録』第三集、一九八一年
美園郷土史の会『美園郷土史の会記録集』一九九三年

見沼代用水土地改良区『見沼代用水沿革史』一九五七年
見沼代用水土地改良区『見沼代用水路普請奉行・井澤弥惣兵衛為永』二〇一〇年
宮田登「弁天信仰」宮本袈裟雄編『福神信仰』所収、雄山閣出版、一九八六年

第4章

飯山実「浦和市域における観音札所について」『浦和市史研究』第六号、一九九一年
牛山佳幸『【小さき社】の列島史』平凡社、二〇〇〇年
浦和市『浦和市史・通史編Ⅱ』一九八八年
『新秩父三十四観世音札所めぐり―南大宮』http://www.minami-oomiya.com/sintitibu/index.html
『新秩父三十四観世音札所めぐり―南大宮』http://www.minami-oomiya.com/sintitibu/iware.htm
大牧氷川女体神社現地境内の由緒説明板
川口市『川口市史・近世資料編Ⅰ』一九八五年
川口市『川口市史・通史編上巻』一九八八年
川口市教育委員会『国庫補助事業重要有形民俗文化財木曽呂の富士塚保存修理事業報告書』一九九五年
埼玉県『新編埼玉県史・通史編4（近世2）』一九八九年
埼玉県行政文書『足立郡神社明細帳』
埼玉県神社庁『埼玉の神社―北足立・児玉・南埼玉―』一九九八年
埼玉県立博物館『特別展図録「歴史を歩く―埼玉の札所めぐり―」』一九九七年
『大門村誌』さいたま市立大門小学校所蔵
財団法人埼玉県埋蔵文化財調査事業団『四本竹遺跡―芝川見沼第1調節池関係埋蔵文化財発掘調査報告―』一九九二年

財団法人日本常民文化研究所『日本常民文化研究所調査報告第四集
富士講と富士塚―東京・埼玉・千葉・神奈川―』一九七九年
真野俊和編『講座日本の巡礼・第三巻（巡礼の構造と地方巡礼）』雄山閣出版、一九九六年
真野俊和「巡礼」『精選日本民俗辞典』吉川弘文館、二〇〇六年
氷川女體神社の由緒説明板
平野榮次「富士と民俗―富士塚をめぐって―」『月刊文化財』第二〇二号、一九八〇年
蕨市『新修蕨市史・通史編』一九九五年
蕨市立歴史民俗資料館「足立坂東札所関係資料（一）～（三）」『蕨市立歴史民俗資料館紀要』第一一号、
二〇一四年

結語

井口樹生・東郷克美・長谷川政春・藤井貞和『折口信夫　孤高の詩人学者』有斐閣、一九七九年
折口信夫「水の女」『折口信夫全集・第二巻、古代研究（民俗学篇1）』中央公論社、一九二七年

初出一覧

序章 見沼の歴史と伝説の謎
第1節　見沼の伝説の相貌と特徴
（「見沼の伝説の相貌と特徴について」『うらわ文化』第一四〇号、二〇二一年）
第2節　見沼溜井の時代―関東代官伊奈氏による見沼開発―
（「見沼溜井の時代―伊奈氏による見沼開発―」『緑の歴史』第一二号、二〇一七年に加筆）
第3節　見沼に蓮を作らない伝説
（「見沼に蓮を作らない話―伝承という行為の一面―」『民俗』第一四五号、一九九三年に加筆）

第1章　見沼の龍神と新田開発
第1節　見沼と釘付け龍の伝説
（「見沼と釘付け龍伝説に関する一考察」『緑の歴史』第一五号、二〇二〇年）
第2節　関東代官伊奈氏と龍神
（「関東郡代伊奈氏と龍神―赤山陣屋の龍神伝説―」『緑の歴史』第一四号、二〇一九年）
第3節　見沼の主の引越し
（「見沼の主の引越し―新田開発と民間伝承―」『浦和市史研究』第一一号、一九九六年）

第2章　見沼の女神と氷川信仰
第1節　見沼と氷川信仰
（「氷川信仰覚書」『民俗』第二五四号、二〇二一年）
第2節　氷川女體神社と女神信仰

（「見沼の女神信仰に関する一考察」『民俗学論叢』第三六号、二〇二一年）
第3節　御船祭の変遷（書き下ろし）
第3章　見沼の弁財天信仰
第1節　見沼地域周辺の弁財天信仰の諸相
（「見沼地域周辺における弁天信仰の諸相と課題」松崎憲三先生古希記念論集編纂委員会編
『民俗的世界の位相―変容・生成・再編―』所収、慶友社、二〇一八年に加筆・修正）
第2節　「見沼の七弁天」考
（「見沼の七弁天考」『緑の歴史』第一三号、二〇一八年）
第3節　見沼の龍神と弁財天社縁起
（「見沼地域周辺における弁天信仰の諸相と課題」松崎憲三先生古希記念論集編纂委員会編
『民俗的世界の位相―変容・生成・再編―』所収、慶友社、二〇一八年を修正）
第4章　見沼周辺の諸信仰
第1節　新秩父三十四観世音霊場―見沼を望む地方巡礼―
（「新秩父三十四観世音霊場―見沼を望む地方巡礼―」『緑の歴史』第一〇号、二〇一五年）
第2節　見沼と浅間信仰
（「見沼と浅間社」『緑の歴史』第一六号、二〇二一年）
結語　見沼の女神信仰（書き下ろし）

宇田 哲雄（うだ・てつお）

1964年、埼玉県さいたま市生まれ。成城大学大学院文学研究科日本常民文化専攻博士前期課程終了。専攻は、日本民俗学、産業民俗論、信仰伝承論。現在、川口市教育委員会文化財課課長補佐兼学芸員。
主な著書に『日本の民俗11 物づくりと技』（共著）吉川弘文館、『キューポラの町の民俗学―近代鋳物産業と民俗―』（単著）ブイツーソリューションなど。

見沼《みぬま》の龍神《りゅうじん》と女神《めがみ》

二〇二三年三月二十日　初版第一刷発行

著　者　宇田　哲雄
発行者　星野　和央
発行所　株式会社　さきたま出版会
〒336-0022
さいたま市南区白幡3-6-10
電話048-711-8041
振替00150-9-40787
印刷・製本　関東図書株式会社

ISBN978-4-87891-487-4 C0039